书山有路勤为径,优质资源伴你行
注册世纪波学院会员,享精品图书增值服务

CREATE, SIMPLIFY, AND ADAPT
A VISUAL NARRATIVE FOR ANY AUDIENCE

故事思维（视觉版）

EVERYDAY BUSINESS STORYTELLING

借助视觉打造吸引人的故事

[美] 珍妮·库尔诺夫（Janine Kurnoff） 著
李·拉扎鲁斯（Lee Lazarus）

陈旎 译

电子工业出版社
Publishing House of Electronics Industry
北京·BEIJING

Everyday Business Storytelling: Create, Simplify, and Adapt A Visual Narrative for Any Audience by Janine Kurnoff and Lee Lazarus
ISBN: 9781119704669 / 1119704669
Copyright © 2021 by John Wiley & Sons, Inc.
All Rights Reserved. This translation published under license with the original publisher John Wiley & Sons, Inc. Copies of this book sold without a Wiley sticker on the cover are unauthorized and illegal.
Simplified Chinese translation edition copyrights © 2024 by Publishing House of Electronics Industry Co., Ltd.

本书中文简体字版经由John Wiley & Sons, Inc. 授权电子工业出版社独家出版发行。未经书面许可，不得以任何方式抄袭、复制或节录本书中的任何内容。

版权贸易合同登记号　　图字：01-2021-2036

图书在版编目（CIP）数据

故事思维：视觉版：借助视觉打造吸引人的故事 /（美）珍妮•库尔诺夫（Janine Kurnoff），（美）李•拉扎鲁斯（Lee Lazarus）著；陈旎译. 北京：电子工业出版社，2024.2
书名原文：Everyday Business Storytelling: Create, Simplify, and Adapt A Visual Narrative for Any Audience
ISBN 978-7-121-46916-9

Ⅰ.①故… Ⅱ.①珍… ②李… ③陈… Ⅲ.①商业经营—通俗读物 Ⅳ.①F715-49

中国国家版本馆CIP数据核字（2023）第244096号

责任编辑：吴亚芬
印　　刷：中国电影出版社印刷厂
装　　订：中国电影出版社印刷厂
出版发行：电子工业出版社
　　　　　北京市海淀区万寿路173信箱　　邮编：100036
开　　本：720×1000　　1/16　　印张：17.5　　字数：300千字
版　　次：2024年2月第1版
印　　次：2024年2月第1次印刷
定　　价：128.00元

凡所购买电子工业出版社图书有缺损问题，请向购买书店调换。若书店售缺，请与本社发行部联系，联系及邮购电话：（010）88254888，88258888。
质量投诉请发邮件至zlts@phei.com.cn，盗版侵权举报请发邮件至dbqq@phei.com.cn。
本书咨询联系方式：（010）88254199，sjb@phei.com.cn。

本书所获得的赞誉

很难找到直接影响销售领导者绩效的合作伙伴了。珍妮和李自 2014 年以来在帮助我们取得成功方面发挥了重要作用，使我们的销售领导者能够讲述更好的故事。

——劳拉·莫拉罗斯，原 Facebook 全球营销解决方案学习和实施主管

找到一个全面的学习发展解决方案，帮助员工创造和分享引人入胜的、以受众为中心的商业故事，一直是一个挑战。这本书中应对此挑战的方法基于大多数人都会涉及的真实场景和案例研究，如果你想提高讲故事的能力，推动商业对话向前发展，那就买这本书吧！

——斯塔西·萨尔瓦乔，Aritzia 零售业务副总裁，麦当劳前学习与发展全球高级总监

没有比将数据洞察转化为清晰、真实的叙述更好的能力更能推动你的职业发展了。这本书是高管的制胜法宝。

——辛妮·萨维恩，新西兰航空首席学习官

珍妮和李已经证明，你可以转换技术信息，使其在日常沟通中易于理解。这是一本值得读的书。太棒了。

——艾莱特·斯坦尼茨，微软全球战略联盟负责人

如果你已经明白了商业故事的价值，那么这本书绝对是至关重要的。它不仅为构建商业故事提供了一个简单的结构，而且还展示了如何根据实际情况"灵活"运用你的叙述。这是我读过的很有效率的书之一！

——乔什·科伊，万豪国际酒店开业和培训服务总监

在我们的组织中，"讲故事"是成为鼓舞人心的领导者的一个重要能力。通过使用这本书中所提及的讲故事框架并将其整合到我们的顶级人才和领导力项目中，我们已经开始重新设定我们对话、开会和演讲的方式了。我曾与珍妮和李在两家《财富》500强公司共事过，这本书揭示了她们教会人们以非常实用和适用的方式快速解码复杂信息的天赋。

——莎朗·布里顿，美敦力全球人才和领导力发展总监

很难找到直接影响业务发展和人才培养的严谨和可复制的方法了。我们早在2015年就开始采用这本书中的讲故事原则了，并且至今从未改变过。这是一本关于讲故事的基本指南！

——简·霍斯基森，国际航空运输协会学习与发展总监

在这本书中，珍妮和李言出必行。在参加了她们令人称赞的关于讲故事的培训课程后，我很高兴看到她们的书同样生动和直观，总之归根结底都是好东西……

——苏兹·哈恩，戴姆勒学习与发展经理

在好莱坞和商业中，讲故事的区别并不像你想象的那么明显。在写作情节中，通过冲突吸引人们，但故事才是我们关心的原因。在商业中，如果一家公司讲述了一个客户关心的故事，那么它的产品就会变得更具相关性和吸引力。每家公司都想要好莱坞式的结局：成为一个成功的故事。这本书可以帮助公司写出这样的剧本。

——罗恩·拉帕波特，网飞的作家和制片人

本书所获得的赞誉

世界上充斥着大量的数据，但缺乏利用数据做出更好决策的简单、合乎逻辑的方式。讲故事是毫无疑问要走的路。这本书中的方法对我们的团队来说是一个改变游戏规则的方法，值得我们购买！

——布赖恩·拉克索，哥伦比亚体育用品高级供应链流程分析师

我们都是天生的故事讲述者，当我们讲得好时，我们会激励我们关心的人，并与他们建立联系。我看到珍妮和李在苹果和原Facebook工作时，为数百人强化了讲故事这一技能。我很高兴她们能在这本书中分享她们独特的方法，这本书很快就会成为各级领导者的参考资料。

——汤姆·弗洛伊德，原Facebook经理效能主管、Flouracity创始人

我们的团队总是善于把信息从他们的头脑中拿出来，而不是善于让他们的受众关心它。为了扭转这一局面，我们与珍妮和李合作了十多年。我很高兴能拿到一本基于她们的讲故事技巧的书。

——梅根·盖利，Maxim Integrated 服务部董事总经理

珍妮和李强调了建立讲故事文化的必要性。她们提供了建立一个强大的、真实的叙述的方法，包括模型、科学理论和改进方法，以使故事讲述者触及每一位受众并使其开始行动。

——凯瑟琳·拉库尔，Blackbaud 首席营销官

我们经常被告知，我们需要把数字变成故事……这本书就是这么做的！感谢这本书的两位作者能够分享这种实用的讲故事方法，因为之前，这种方法只给《财富》500强的客户分享过。

——劳伦·戈尔茨坦，Annuitas 首席执行官和首席收入官，Women in Revenue 联合创始人和董事会成员

前言

讲故事是我们推动业务向前发展的方式

你喜欢故事，我们也喜欢故事。

虽然每个人都喜欢好故事（因为我们是人类），但许多人发现很难把讲故事融入到日常商业活动中。为什么？因为我们不是好莱坞的编剧或广告大师（至少大多数人不是）。我们是业务人员，必须在组织内外、上下部门中去展示。然而，大多数时候，我们必须展示不是那么容易理解和好接受的内容，如季度业务回顾、产品更新、变革管理举措等。对于大多数人来说，他们并没有在真正地将讲故事融入到自己的日常工作中这件事上下很大功夫。

相反，我们求助于我们所知道的。我们利用现有内容进行"快速修复"。例如，我们在自己（或同事）之前制作的 PPT 上做修改。我们添加项目符号，把能找到的每张图表都堆起来，甚至添加一些营销团队放到公司网站上的漂亮 PPT。

我们用一个非常专业的术语来形容这种不连贯的、大杂烩式的沟通方式，我们称之为**科学怪人**™。

你肯定见过科学怪人™，他们出现在我们的会议中，甚至淹没了我们的收件箱。结果真的很可怕！因为你的受众很困惑，没有得到明确的信息或行动计划。所以，你最终错失了影响决策和推动业务前进的大好良机。

我们都不希望有更多的科学怪人™

如果有一种简单、可重复、实用的讲故事方法，可以帮助你和团队用视觉化的叙述来沟通呢？如果你有一个易于遵循的框架，可以让你随时随地开始你的故事。这就是我们20多年来一直在构建的东西：让讲故事成为商业沟通的第二天性，无论是在口头还是视觉沟通中，没有"应急对策"，没有"快速解决"的结果，没有科学怪人™。

> 有科学怪人™的地方就是一个
> 好主意丢失、决策停滞的地方。

我们肯定会遇到的阻力

我们知道你很忙，没有时间。你需要向拥有不同需求的复杂受众做展示。你的老板没有耐心听一个有重大内幕的"故事"。她只需要你制作3张PPT给她的经理看。你刚刚被组织内的"品牌警察"[1]告知要使用特定资产，如定义模板和图形。我们感受到了你的痛苦，因为我们也经历过。

因此，这正是我们写本书的原因。

每天都要让讲故事这件事与工作中的每个人息息相关

我们将为你提供一种简单的方法，让你揭开讲故事的神秘面纱。这种方法不仅将一劳永逸地使讲故事这件事与业务中的每个人都息息相关，而且对他们来说每天都很实用。在本书中，你会看到一些旨在激励你的示例。这些示例都是基于你每天所面对的场景的。例如，当你被告知演讲时间从30分钟缩短到5分钟时，你该如何调整你的演讲？不

---

[1] 品牌警察：可以定义为负责保持品牌持续稳定性的一个小组（或个人），他们（或他）的工作通常是研究、开发或者推广公司、产品或品牌。——译者注

要恐慌。我们将为你提供一个视觉化讲故事的框架，以使你可以在最后一刻轻松地调整演讲内容。

非常适合视觉化演示、虚拟会议等的讲故事策略

在大多数情况下，本书中的示例都是非常直观的。为什么？因为视觉化是一种强大的方式，不仅可以使你的故事人性化，还可以使你与受众建立感情，并迫使受众采取行动（可以参考"第1章　认识大脑科学家"找出原因）。但重要的是，要注意，为了产生影响，视觉化必须支持并最终增强你的故事效果，而不是减弱故事效果。当你并不总是"讲故事的人"——在房间（或虚拟房间）里传递信息的人时，这一点尤其重要。

也就是说，我们也会向你展示一些不是视觉化的，但仍然使用有效故事结构的示例。例如，当你必须撰写一封重要的电子邮件或创建一页纸概述时。简言之，我们将向你展示如何将基本的故事结构应用于你所说、所发送、所交付或呈现的任何内容。

关于我们的故事

2001年，"网络炸弹"[1]来袭，公司裁员，大多数初创公司都消失了。我们这几年都一直在科技行业工作，目睹了这一切。珍妮曾在雅虎公司的全球销售培训部门工作（后来成为一个网络直播主播）。李是硅谷发展最快的两家互联网和电信市场研究公司的营销传播主管。

当时，我们对充斥着数据、没有故事和目的的PPT并不陌生，我们可以看到受众对他们应该知道什么或做什么感到困惑，我们知道一定有更好

---

[1] 网络炸弹：是指网络攻击者用来向攻击目标电脑发送大量数据从而炸毁邮箱、导致网络瘫痪的一种网络攻击工具软件。

的方法来传达想法。因此，我们集思广益，成立了演示公司（The Presentation Company，TPC）。

20年后，我们经过认证的培训公司一直在举办研讨会，帮助跨国公司和《财富》500强公司讲述与受众建立强大联结的视觉化故事。我们与我们惊人的超人团队一起开发了屡获殊荣的培训方法和工具，帮助人们提升讲故事的信心和技能，将数据和见解转化为引人入胜、以受众为中心的商业故事。我们很荣幸能够为一些世界上较大的品牌提供支持，包括原Facebook、雀巢、惠普、美敦力、埃森哲、万豪、麦当劳、苹果、乐高等。

我们所观察到的

在开发简单的讲故事策略时，我们观察了数百个有不同的节奏、工作风格和文化规范的组织，我们不仅训练了拥有超高速发展变化的公司员工，还训练了最慢的"恐龙"[1]。但是，无论我们遇到谁，我们都毫无疑问地注意到，那些有讲故事文化的人才是真正的赢家。他们拥有更有凝聚力的信息传递、更好的团队协作，以及更好的向世界推销自己想法的方法。此外，值得一提的是，那些在丰富的讲故事的生态系统中茁壮成长的人，他们的职业生涯会迅速实现飞跃。

讲故事是职场黄金法则

在我们合作过的每家公司中，我们都看到讲故事是如何成为影响想法、联结受众，以及每个人都想要的技能和力量的。

——"高管风度"课程

无论你是向老板的老板做推荐或提供产品更新，还是解决潜在客户的难题，你都需要知道如何建立一个故事框架以使你的内容人性化，创建双向对话，并满足受众的需求。

---

[1] 恐龙：此处代指守旧落伍的人。

讲故事会帮助你自信地引导对话，给你和你的受众一个指引，使他们知道故事的发展方向和过去的情况。令人惊讶的是，这在很大程度上避免了困惑和无聊。

我们之所以写本书，是因为我们坚信，只要有一些简单的指导和工具，每个人都可以成为一个伟大的商业故事讲述者。你可以成为一个伟大的商业故事讲述者。跟我们走吧。

让我们教你如何做。

Janine Lee

目 录

第 1 部分
彻底澄清——讲商业故事的价值 ··· 001

第 1 章　认识大脑科学家 ·· 002

第 2 章　数据没有错（但有时会被过度使用） ······································· 009

第 2 部分
加入我们——如何开始讲商业故事呢 ·· 017

第 3 章　4 个路标 ™ ··· 022

第 4 章　商业故事里的"为什么"、"是什么"和"如何做" ······················ 040

第 5 章　好主意 ··· 044

第 6 章　整合内容：故事示例 ·· 048

第 3 部分
你已经有基础了——还有什么能帮你呢 053

第 7 章　用大字标题推进你的故事 054

第 8 章　构建好主意的简单方法 064

第 9 章　将你的故事视觉化的 5 种行之有效的方法 071

第 4 部分
见证奇迹——讲故事是如何在日常业务中出现的 097

第 10 章　提出建议 098

第 11 章　汇报进展 134

第 12 章　撰写电子邮件 152

第 13 章　创造一页纸 166

第 5 部分
但是——我如何展现我的故事呢 183

第 14 章　受众就是一切：一个宣言 184

第 15 章　当你只有 5 分钟与高管交谈时 ··· 192

第 16 章　受众是多样化的 ·· 200

第 17 章　当你被告知"只能用 3~5 张 PPT"时 ································· 206

第 18 章　团队演示：谁做什么 ·· 210

第 19 章　当你的受众是虚拟的时 ·· 228

第 6 部分
现在一起——建立讲故事的共同语言 ··· 243

第 20 章　培养故事教练文化 ··· 244

第 21 章　管理者强化讲故事的 5 种方式 ·· 250

第 22 章　同伴间的故事教练辅导的 5 个技巧 ···································· 254

来自作者的话 ·· 262

第 1 部分

彻底澄清——
讲商业故事的价值

第1章
认识大脑科学家

人们都喜欢听故事,对吧?

讲商业故事被广泛认为是一种很好的销售想法的销售方式。

我们在前言中也提到了,但许多商务人士并不认为"讲故事"是值得花时间来学习的事情。这听起来很不可思议。因此,在学习如何真正地构建一个商业故事之前,我们需要彻底地澄清讲商业故事的价值。

认识罗杰

罗杰·沃尔科特·斯佩里发现了一些关于人们大脑的惊人之处。他在治疗一个严重的癫痫病患者时,把患者的胼胝体(大脑左右半球之间的连接器)切断了。这样做的目的是避免患者的癫痫症状发作。没想到,成功了。然而,这也让身为加州理工学院的心理生物学家的罗杰观察到大脑的每一边是如何独立工作的。罗杰发现,每个大脑半球都有自己的感知、概念和冲动。左脑是负责逻辑推理、分析书写和语言表达的。右脑是负责直觉情感、视觉认知和灵感顿悟的。罗杰也因为这个研究在1981年获得了诺贝尔医学奖。

罗杰的研究和讲故事有什么关系呢

许多神经科学家继续了罗杰的研究,并观察到人们似乎并不只使用右脑或左脑来做出决定,而是同时使用右脑和左脑。

我们一直在左右脑半球之间切换,
就像打乒乓球一样来回打。

当人们决定是煮一壶咖啡还是在星巴克挥霍时,或者当人们在渴望喝杯摩卡(450卡路里)又在想其实一杯派克市场的烘焙咖啡更健康(5卡路里)时,这个过程就会被触发。这个过程也会在工作时被触发。例如,我应该签这个合同吗?我应该为扩张提供资金吗?我应该雇用这个候选人吗?

如果你想在这些决定中影响他人,你就要唤醒这个过程。

讲故事会同时触发左脑和右脑思维

你的左脑就像一个文件柜,它在寻找一种模式,并试图将新信息与现有的或已知的信息相匹配。因此,当许多事实和数据被抛向左脑时,你的左脑试图处理这信息,但最终会超载。按照这样的速度,什么都无法被分类,信息也不会固定下来,而这些信息都变成了大脑的噪声。

左脑

你的左脑就像一个文件柜

右脑

你的右脑让你感觉和想象事物

回想一下那次会议（无论是面对面的还是虚拟的），演示者向你展示了各种各样的图形、表格和要点。你还记得吗？你是会记得一排排数字，还是数据讲述的故事呢？很可能，这就是你所记得的故事（如果有的话）。

人们更容易记住故事，因为它们点燃了人们的右脑。人们的右脑让人们接收新的信息，然后感受和想象事物。它点燃了人们的创造性过程，使人们离开已知的领域，并开始想象未来——超越人们脑海中已经存在的东西。

当你讲的故事有精确的数据和视觉画面支持时，既能吸引大脑的创造性，又能吸引大脑的逻辑性。

> 故事、数据和视觉化的结合将激发你的记忆。

斯坦福商学院教授詹妮弗·阿克尔曾对自己的学生进行了一项测试。她让所带班级的学生一个接一个地上台演讲。1/10 的人在他们的演讲中使用了一个故事，而其他人都坚持使用纯粹的事实和数字。之后，全班学生被要求写下他们记得的东西。令人震惊的是，仅有 5% 的学生回忆起了统计数据，但高达 63% 的学生能记住一个或多个故事。

超过 10 倍的学生能记住一个故事而不是任何一个事实。

更多关于讲故事的脑科学证据

人们是通过创造性右脑和逻辑性左脑之间的信息碰撞来处理问题的。但是，让我们来认识一下另一位大脑科学家，他发现了一些非常有趣的东西：在做决定的时候，人们主要是由情绪驱动的。（人类……我们太戏剧化了。）

认识安东尼奥

认知神经科学家**安东尼奥·达马西奥**研究了脑损伤对许多人的影响。他观察到一位叫艾略特的人，曾因做过脑瘤手术而使他的情绪处理变得迟钝。安东尼奥发现艾略特真的很难在没有情绪刺激的情况下做出决定。这一发现被称为"躯体标记假说"。他的结论是，虽然人们认为自己做决定完全基于逻辑，但实际上情绪在关键时刻起着关键作用。正如安东尼奥所说："情绪让人们对事物进行好的、坏的或无所谓的标记。"

> 虽然人们认为自己做决定完全基于逻辑，
> 但实际上情绪在关键时刻起着关键作用。

因此，人们的大脑分为两部分，每一部分都扮演不同的角色来帮助人们处理问题。左脑是放人们所知道的东西的档案柜。右脑帮助人们超越已知，探索直觉，想象可能性。人们也知道即使自己纯粹使用"斯波克先生"的逻辑，在决策的关键时刻也会被情绪所驱使。

以下认识另一位杰出的科学家——他也是一位精神病学家，他告诉人们一些关于右脑、左脑和自己生活的世界更令人吃惊的事情。

这证明了讲商业故事的必要性……

认识伊恩

在伊恩的开创性著作《大师和他的使者：分裂的大脑与西方世界的形成》中，**伊恩·麦吉尔克里斯特**认真研究了人们的右脑和左脑是如何帮助人们看这个世界的。他发现一方面，左脑在语言、演讲和推理方面占主导地位，并在封闭、狭窄和受控的空间内工作。基本上，这是我们内心的官僚主义。另一方面，右脑使人们能够从新信息中得出隐含的意义，进行推断，并超越自己已知的世界。换句话说，这是人们的转型和变革之路。伊恩（甚至哀叹地）认为，今天，我们正在过度编纂我们的世界。捕捉和系统化一切事物（大数据？）的动力具有非常左脑化的逻辑吸引力。但是，他认为，这种对严格测量的痴迷阻碍了由人们的想象力推动的变革性飞跃。

这正是造成当今职场主要问题的原因之一。

> 我们过度依赖数据、数字、
> 统计和分析进行沟通。

数据并没有帮助优秀（或至少是好的）想法得到认可，反而成为阻碍。人们把一堆信息推给决策者，然后说：做个决定吧！

如果你还不相信注入情感有助于推销想法这个科学观点，那么反过来，可以看看数据超载是如何扼杀人们的想法的。认识一下最后一位科学家，他的发现指出了将情感（和注意力）带入视觉化叙事的另一种方式。

认识约翰

分子生物学家**约翰·梅迪纳**在《让大脑自由》一书中提出，视觉是人们最主要的感觉，自然会刺激人们的情绪。如果能使它们与你的故事很好地协调起来，它们就像超级高效的便利贴一样，告诉你：把这个储存在你的记忆中！约翰指出，如果你只是听到一条信息，那么 3 天后你会记得其中的 10%。如果添加一张图片，你就能记住其中的 65%。如果你能把你的主要观点视觉化地展示出来，那会使你的记忆力提升 6 倍。试想一下，当你在一天的第 9 次会议上面对决策者时，视觉化会有多大的帮助。

小结

数据和视觉化要么丰富，要么混淆你的故事

当图形、表格和（简单的）文本等视觉化效果被用来直接支持你的故事时，它们会使你的想法和见解更容易被记住。当然，从科学上来说，这个观点也是正确的。

但是，要注意使用视觉化的效果。在商业世界中，我们最纠结的地方之一是过度使用视觉化展示，尤其在展现数据时。

人们经常堆砌图形和表格，为自己的信息增加"重量"，以便真正地推销它。

遗憾的是，这一连串的数字往往会产生相反的效果。

请继续阅读更多关于如何充分利用数据的内容（提示：这一切都与故事有关）。

第 2 章 （但有时会被过度使用）
数据没有错

现在，尽管使用非常多的图表会阻碍决策，但数据本身并没有错。

有策略地使用一些支持性数据，可以使人们对当前的情况有深刻的认识，并为更光明的未来提供机会。

如果你把数据包裹在一个故事里，你将有一个更好的机会让受众有所感触。你会激起他们（右脑）的好奇心和直觉，让他们和你一起进行思维的跳跃。同时，直接支持你的故事的数据（左脑）为决策者提供了"同意"的最终理由。正是这种左脑/右脑互动的"探戈"，将赋予你的想法以更强的分量去促进业务沟通并影响决策。

数据将为故事增添深刻的见解

为了说明商业案例，人们经常依赖于数据、数字、统计和分析。数据确实是你的想法的引擎，但是，优秀的故事讲述者认为数据不仅有一般的信息传递价值，还可以为故事带来意义和见解。

在加入数据之前，一定要问这些问题：它是否支持我的故事？它能促进我的描述吗？我有没有（比较夸张地）编辑、杜撰数据以提出了不起的见解？

把数据包裹在一个
精心创作的故事里
会势不可挡

伟大的数据见解显示发现

加里·克莱因在他的《看到别人没有的东西》一书中对见解提出了一些明确的定义：

- 见解是基于对数据的分析和解释的发现。

- 见解改变了人们理解问题的方式，改变了人们对创造商业价值的思考方式。

- 见解将引领人们发现一个新的、更好的故事。

以上这些定义有哪些突出之处？首先，突出发现这个词。发现意味着有一些新的或以前未知的东西。要想在数据见解中找到见解，就要寻找一些全新的东西，如不一致或矛盾，或者在意想不到的地方寻找相反的联系和巧合。无论在哪里显示的出乎意料，或者反复出现的问题都能使人们发现某个见解，甚至一个特别强大的个人轶事，都可以使人们得出一个显著的新观点。

> 任何故事都可以呈现你的见解，
> 只要它能突出旧故事的问题，
> 并显示一个新故事可以有多好。

让数据使用得当

请记住，数据本身并不是想法。它可以双向工作。精心挑选的有见解的数据可以为你的提案、变革或推荐提供强大的动力。这不仅让你看起来很聪明,还让受众觉得自己很聪明(谁不喜欢呢)。但一张又一张的图表会适得其反,会制造混乱和阻力。

要构建一个有用的故事,需要花时间发现一些能够推动你的故事向前发展并令人难忘的见解。

请抑制你展示过多原始数据的冲动。

数据与故事:一个简单的实验

接下来做一个超级快速的测试。扫描一下有关宠物健康保险的数据。首先,看事实和数据。其次,用阅读故事的方式看相同的信息和数据。看看哪个版本更令人难忘,更容易回忆?

只有数据

宠物保险市场统计数据

2018年,全球宠物保险市场规模为57亿美元。到2025年,全球市场将达到102亿美元。狗狗保险是最大的细分市场,占收入份额的80.8%。关于狗狗事故的公开信息显示,未来5年,狗狗的事故增长率最为稳定,为6.5%。意外和疾病保险在整个行业中占据主导地位,2018年收入为54亿美元。公开信息显示这类保单费用通常占兽医总费用的80%左右。

数据 + 故事

宠物主人想保护他们的宠物和钱包

30 岁的麦迪逊非常喜欢她的拉布拉多犬拉里。但是由于需要支付体检、打疫苗和因打架而受伤所产生的费用,拉里正在成为一只花销昂贵的小狗。因此,麦迪逊研究了宠物保险的购买情况,令她大吃一惊的是,她发现自己并不孤单。2020 年宠物主人在全球宠物保险上花费了 50 亿美元,预计到 2025 年将超过 100 亿美元。然而,大多数保险都是为像拉里这样活泼的小狗购买的,以防止它们生病或发生意外事故。如果麦迪逊为拉里购买了宠物保险,那么当拉里因打架而受伤时,她可以获得 80% 的医疗赔付费用,这为她减轻了养宠物的很大一部分负担,真是太棒了!

小结

那么,你是怎么想的?你是只记得数据,还是记得数据包裹着的一个故事?是什么帮助你收集了最重要的关于宠物保险市场的信息?如果你必须做出决定,你会想起哪些你必须做出的决定?事实是,当信息以故事的形式呈现而不是以一堆数据的形式呈现时,大多数人都能更好地接收和保留信息。

一个故事永远会更令人难忘。

所以,继续吧,把你的数据从你的思维束缚中解放出来。将你的事实和数据与一个简洁的故事相结合,以唤醒左脑和右脑,这将确保你的想法能被任何受众所接受。

重点回顾

关于视觉故事的神经科学

1

左右脑都用于决策

人们的右脑更有创造力和想象力,左脑处理逻辑和映射学习模式。虽然这两方面都会影响人们的选择,但由有效的视觉驱动的情感最终会驱动人们的决策。

2

商业沟通是倾向于左脑的

大量数据显示,当今的沟通过于程序化了。这种封闭和狭窄的方法阻碍了决策。吸引左脑和右脑——通过故事、视觉和数据见解来驱动,可以帮助人们从新的信息中提取隐含的意义,做出推断,并跳出自己的已知世界。

3

策略性地使用数据和视觉效果

数据和视觉效果经常被滥用，但它们不是敌人，它们是用来支持你想法的绝妙方式。它们必须总是能直接映射你的故事。

所以，既然商业故事很好用，那就深入探讨一下讲故事的框架，看它是如何被用在日常场景中的。你会惊讶地发现，向不同的受众展示你的故事是多么简单。

为了让它真正适合你，我们提供了很多讲故事的（视觉和非视觉）实例。

准备好继续前进了吗？

第 2 部分

加入我们——
如何开始讲商业故事呢

开始讲商业故事

想象一下你最喜欢的电视节目。现在，回想你机械地往嘴里塞满了爆米花，完全沉浸在节目故事中的时候。你一秒钟都不会觉得无聊，之后，你总是忍不住地去想那个角色或那座令人毛骨悚然的房子或那场令人痛苦的冲突。

也许你真的不知道为什么这个故事的细节会让你如此痴迷（稍后将详细介绍为什么），但从结构的角度来看，它有一个很好的让你痴迷的理由。

故事带你踏上了一段旅程

事实上，所有伟大的故事都会带着受众（观众/读者/听众）踏上一段旅程。

那么，这个特别的故事究竟是如何对你产生如此大的影响，并让你的朋友在沙发上坐立不安的同时又偷偷地看手机的呢？这都是被故事的结构细节所影响的。故事中不仅设置了背景，引入了冲突，还将你吸引到了痛苦的或甜蜜的结局中。

如果背景与你有关，角色让你感到熟悉，或者你认同他们的经历，你的注意力就会被唤醒，你想知道事情将如何解决。你会记住这个故事的。

所有伟大的故事都会带着受众（观众/读者/听众）踏上一段旅程

背景和联系与商业故事有什么关系呢

讲商业故事与讲其他类型的故事没有什么不同。每个故事中都有一个简单的框架。是的，你没有看错。每个故事都包含一个简单的框架。

而且，无论你是《星球大战》的导演、《战争与和平》的作者，还是进行销售演示的促销员，你都在使用这个框架。如果你使用得当，那么你可以将故事传达给合适的受众（关于这一点的更多内容详见第 16 章），讲出一个好故事。如果你学会很好地使用这个框架，你就会讲出很棒的故事，更妙的是这会推进你的事业发展。

预 览

故事框架
让我们一探究竟

是什么让一个故事起作用的？

1

4 个路标™

由背景、人物、冲突和解决方案组成。

2

你的好主意

你的故事中最重要的信息。

3

为什么—是什么—如何做

另一种看待 4 个路标™ 和你的好主意的有用方法。

> **小技巧**
>
> 故事框架有很多活动部分。以下将通过大量的示例来讨论每个元素的作用和位置。最终，在你把笔放在纸上，手指放在键盘上，或者把嘴对着电话之前，你会很容易地知道你的事实、数据和想法在哪里，以及在这个故事框架中，你的事实、数据和想法是否合适。

第 3 章
4 个路标™

每个故事都有 4 个结构元素或路标。

它们是背景、人物、冲突和解决方案。

这些路标会创造出一种让你感到熟悉、人性化和满足的思维模式，但最重要的是，要创造出感觉。如果故事使人们有了感觉，人们就会记住它们（参考第 1 章）。

在每个
伟大的故事中都有
4 个基本路标

每个伟大的故事都有
背景

在许多伟大的故事开头都会有一个背景。

"那是一个漆黑的暴风雨之夜……"

"那是四月里一个晴朗寒冷的日子,时钟敲了13下。"

或者,正如任何一个高中毕业生都无法忘记的那样:"那是最好的时代,也是最糟糕的时代……"

那么,设定背景对故事有什么作用?为什么背景一定要这么早出现?提供的背景最好是受众能够立即识别的背景。在传统的故事里,如电影、书籍或戏剧,背景通常是一个物理场所。但在商业故事中,背景可以是目前现状,如市场环境或公司的整体发展状况。

为了设定背景,你可以分享数据和趋势,让受众了解你发现的不足之处或情况。你的背景中应该有足够的信息,以确保受众对情况有正确的理解。

背景可以建立关键的焦点

为了使故事清晰聚焦,在既定的想法周围需要设置一个清晰的边界。这就需要提供一个背景,也就是说,每个人都处在同种情况下,而这应该出现在你展示核心内容之前。

此外，可以将背景看作一种"迷你教育"，将焦点放在你（或者你的用户）关心的需要解决的问题上。在下面的例子中，背景被设定为购买保险的状态。受众被"安排"在一个购买保险的环境里，与代理人一起在线购买，或者从朋友和家人处购买。关于当前购买习惯的"迷你教育"将受众的焦点带到了这个真实的保险市场的环境中。

消费者在购买保险或续保时，有许多资源触手可及

60% 与代理人见面或拜访代理人

71% 网上调研和对比

80% 听取朋友和家人的推荐

数据提供了建立这个故事的背景

不要低估设定背景的重要性

设定好背景，你就可以推进故事的发展，直到最终找到解决方案。但首先，你需要展示受众是如何体验故事中的背景的。因此，你需要人物。

每个伟大的故事都有
人物

当父母第一次给我们读睡前故事时,我们就学会了喜欢故事里的人物。《好奇的乔治》、《灰姑娘》或《小熊维尼》,这些故事中的明星人物通常是我们关注故事的真正原因。但为什么会这样呢?为什么我们对人物如此不可抗拒?很简单:因为我们是人,人物也是人(或者至少被赋予了人的特征和情感的角色),所以在故事中"遇见"的人物让我们感觉很熟悉。

当我们观察人物所经历的情绪时,它会触发我们右脑的反应。这是我们储存语言背景和面部表情的地方。这就是让我们感觉到的东西。你的商业故事中的人物应该帮助受众了解你所呈现的情况或问题,因为他们需要通过这些人物看到自己。

人物在故事中起着关键作用

通过塑造人物,可以建立一种情感元素。当受众观察到你的人物对某个情境下的情绪和/或行为产生反应时,这会获得他们的理解。如果受众了解的情况越多,对你的人物的影响越大,他们的兴趣就越强烈。这是推动你的故事向前发展的途径。

谁是商业故事中的人物

商业故事中的人物通常被描述为商业参与者,如客户、供应商、合作伙伴、员工或关键利益相关者。

无论是谁，你都必须让他们了解自己是如何经历商业或市场状况的。这就是指你的人物如何给受众带来一定程度的见解和认可。

在这个保险故事的示例中，人物是消费者。

消费者在购买保险或续保时，有许多资源触手可及

60% 与代理人见面或拜访代理人

71% 网上调研和对比

80% 听取朋友和家人的推荐

消费者就是这个故事中的人物

现在你可能在想：人物？拜托……我不是一位好莱坞编剧，我是一名工程师（或数据科学家，或销售助理，或营销专家）。因此，以下需要通过分解来看人物是如何在每个人的商业世界中发挥作用的。

提示

不要害怕把背景和人物结合起来。

在许多商业沟通中，这两个路标可以模糊在一起，以更快地呈现一个关于思想或想法的背景。

你将在本书的许多示例中看到这一点。在本书中，一张 PPT 就包含了故事的背景和人物，而不是每个路标都要做成单独的 PPT。

在商业故事中引入人物的3种常见方式

被命名的人物

这是一个显而易见的选择,你可以创造一个虚构的人物,给他们一个名字,然后把他们放在你的商业背景中。以下来认识一下"本"这个人物。和我们一样,他在工作中也使用自己的手机。我们可以与他建立联系。

← 被命名的人物

他是 40% 的美国员工中的一位

哪些人在工作中使用个人设备

未被命名的人物

现在用一个没有名字的人物来重温这个故事。在同一个使用手机的示例中,人物不再是"本",而只是"美国员工"。一般来说,未被命名的人物包括广泛的人群,虽然我们在个人层面上并不了解他们,但仍能与他们建立联系。这是将人物引入商业故事的最常见方式,因为人们通常觉得使用这种方法更舒服。引入人物的方式没有对错之分。如果你还记得前面的保险故事,你会发现那个故事中使用了未被命名的人物。

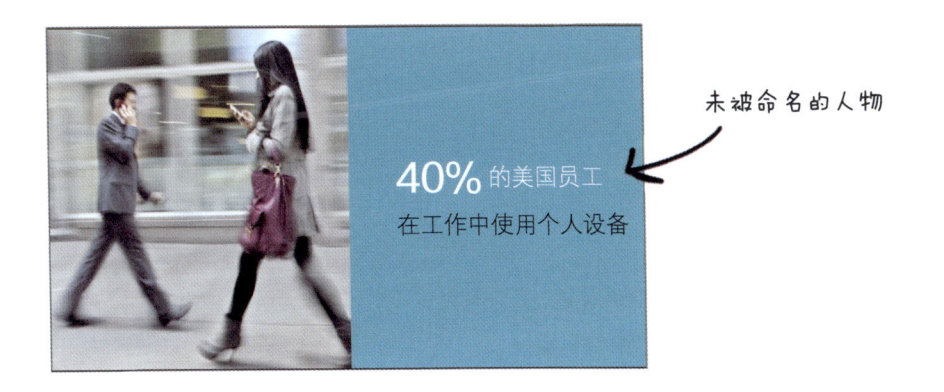

> 40% 的美国员工在工作中使用个人设备
>
> ← 未被命名的人物

自己就是人物

最后，你可以把自己作为一个人物。这时你会讲述一个与你的整体主题或信息相关的个人故事。这通常是在主题演讲、TED 演讲或某种让人们觉得把自己放在故事中很舒服的场合中进行的。这是一个很好的方式，不仅可以为数据增加情感吸引力，还可以加深与受众的联系。

最终要由你来决定如何在你的故事中引入人物。这在很大程度上取决于你的受众和你呈现的内容类型。大多数讲故事的人都会进行实验，找出在不同的环境下最有效的方法。无论你选择什么方式，展示人物是如何受其背景影响的对故事的构建都是至关重要的，但要真正引起受众的关注，你需要加大展示力度。你必须清晰地呈现你的人物发生了什么。你需要冲突。

每个伟大的故事都有
冲突

"冲突"这个词听起来很不舒服,对吗?但令人难以置信的是,人们不仅不觉得冲突令人不快,反而渴望冲突。只要随便看一眼奥斯卡奖、普利策奖或托尼奖(或其他著名奖项),就会发现一个清晰的事实:所有伟大的故事都有冲突。

现在,冲突的性质将有很大不同。它可以大也可以小。它可能就在你面前,也可能隐藏在角落里,或者在路上。但是,如果没有某种形式的冲突或紧张,你的故事就没有动力。

冲突是区分超级刺激和完全遗忘的主要因素。也许你有一个有趣的背景,甚至有几个引人注目的人物,但如果没有一些冲突,故事就会变成一个巨大的"那又怎样?"什么都不会发生……如果没有发生什么,就没有成长的潜力。这让人没有理由寻求一个令人满意的解决方案。

冲突让你的受众有理由关心你。

传统故事里缺乏冲突是枯燥乏味的,但缺乏冲突的商业故事不仅枯燥乏味,而且是一种巨大的、毫无意义的时间浪费。冲突让你的受众有一个俯身倾听的理由。缺乏明确定义

的冲突是浪费会议（或电话或电子邮件）时间的主要原因之一。这就是为什么受众会想知道：我们试图解决什么问题？我们为什么在这里？这种情况每天都在各地的组织中发生，包括你的组织。

令人放心的冲突

但是，在你变得焦虑之前（所有这些关于冲突的讨论会让你想起你和你蹒跚学步的或十几岁的孩子最后一次令人厌烦的争吵），要知道商业故事中的冲突不仅有趣，而且令人放心。你的受众，无论是老板、客户还是同事，都能看出你理解了一个有意义的问题。更好的是，他们可以看到你的事实、数据和想法表明你理解他们的问题（并且正在解决它的道路上）。

想想高管的世界。他们被问题淹没了，但是他们知道，隐藏的问题比看得见的问题更可怕。只有当一个问题被发现时，他们才能开始解决它。

在故事中揭示冲突可以让你成为两次英雄。
第一次是当你发现问题时，第二次是当你提出解决问题的方法时。

设置冲突——更深入的观察

冲突对于商业故事来说是至关重要的，因此值得进一步说明。在对冲突的描述中，固有的一点是，你所描述的情况是当前的。它既是正在发生的，也是之前已发生的，是根深蒂固的。

产生冲突的主要原因是，目前的这种情况阻碍了产生机会或更好未来的可能性。

任何冲突都应该明确指出当前情况存在的不协调或不足之处。

一般来说，出现典型的商业冲突都是因为竞争对手的行为。试想一下，你的安保公司的高管多年来一直乐于瞄准小企业，而你想告诉他们，他们的主要竞争对手正在与大公司争夺巨大的市场份额。你希望这些高管醒过来，看到他们忽视了一个有价值的细分市场。你想让他们知道，他们过于依赖熟悉的营销模式了，而这样的现状会在未来出现麻烦。为了让他们改变策略，他们必须感到紧张。

打破现状的途径就是引入冲突

领导者可能倾向于做熟悉的内容。当他们没有更好的选择时，他们更愿意维持现状。冲突在改变他们的心态方面起着至关重要的作用。因为当你成功地展示冲突时，你就有机会提出更好的建议。

引入冲突对现状来说是一个"杀手"。

冲突升级策略

将冲突引入故事中的一个有趣方式是将其作为一系列小冲突引入故事中，而这些冲突会累积起来，最终形成一个更大的冲突。在保险故事示例中，第一张PPT就介绍了冲突，突出了保险购买流程有多复杂。在下一张PPT中，冲突升级，以显示从目前来看，未来关于下一代保险消费者的市场很黯淡。这是一个典型的商业冲突的示例，即旧的商业方法

不再有效。（注：这些展示冲突的 PPT 是已经用背景和人物建立的更大叙事的一部分。要了解完整的保险故事，请参阅第 6 章相关内容。）

然而，购买财产保险或车险的混合路径会很复杂

此处引入冲突 →

发现可能出现在竞争时间范围内
（超 60% 的小于 1 周）

经常与其他重大采购挂钩

我们通过接触客户的孩子来接触下一代消费者

然而，我们的老方法已经不起作用了

现有客户来源

代理	45%
多代之间	35%
直接客户	12%
朋友和家庭推荐	8%

← 冲突在这里升级

一旦冲突成立，快速行动

伟大的商业故事就像一个食谱，你是厨师。注意不要在你的故事中过多地添加冲突。在你的设定中，你是在照亮某个市场形势。通过你的人物，你可以建立一个人或一些人是如何经历这种情况的。随着冲突的引入，你阐明了一个当前的问题。如果你完成了你的工作，你就暴露了舒适的旧现状的缺点。但是你还没有给出替代的选择方案。背景、人物和冲突这前3个路标会让你的受众在心理上感觉不舒服。那么很好，说明你已经完成了你的工作。

伟大的商业故事讲述者知道设置多少冲突就足以获得关注，而不会过度使用冲突。毕竟，不断挑起冲突会让人不快，甚至感到被侮辱。如果将背景、人物和冲突正确地组合在一起，你就会找到构建故事的最佳点。此时，你已经准备好了为受众提供他们渴望的关键报酬：解决方案。

> 背景、人物和冲突这前3个路标
> 会让你的受众在心理上
> 感觉不舒服。那么很好，
> 说明你已经完成了你的工作。

每个伟大的故事都有
解决方案

解决方案会让你的人物和受众安全地解决冲突。你现在会发现一个新的机会，它将带领公司走向更美好的未来。

那么，商业故事中的解决方案是什么样的？这是你叙述的细节。对于销售人员来说，这是他们的产品或方案的特点和优势。对于顾问来说，这是解决问题的直接方法（和时间表）。对于需要创新的产品经理来说，这是刺激产品销售增长的建议。

以下是我们与未来的消费者建立联系的方法

简单化	个性化	差异化
购买过程	客户体验	产品

这里就是解决方案

在保险公司关注接触下一代消费者的案例中，解决方案是一种接触这些新消费者的策略。它直接解决了前面提到的冲突（一个模糊的购买过程）。解决方案是简单化、个性化和差异化。在此之后，可以使用一系列后续PPT更详细地介绍这些解决方案。（注意：跟紧节奏！第4章将展示如何使用4个路标™从头到尾地展示整个保险故事。）

大多数人通常从哪个路标开始呢

如果你猜的是解决方案，那你就对了。人们都想快点到达那里，但是快速前进并不意味着你应该从你的解决方案开始。因为从解决方案开始是展示好的商业故事的对立面。

在关于保险故事示例中，如果先展示解决方案，那这个解决方案会有很多不同的意义。受众肯定会怀疑他们为什么需要"与未来的消费者建立联系"，除非他们明白目前的方法开始失效了。

你能想象《绿野仙踪》以"没有比家更好的地方"开头吗？人们为什么要关心一个堪萨斯小女孩是否找到了回家的路？人们是不会关心这个的，除非人们看到她在龙卷风中迷路之后，是如何遇到朋友和可怕的动物，以及最终遇到一个假巫师的。人们之所以产生关心，是因为他们和多萝西一起去旅行了，并解决了所有的问题。

在商业沟通中，人们总是很快地谈论自己——通常会谈及自己的解决方案、产品和公司，以至跳过了构建背景的整个部分。人们总是忘记告诉其他人"为什么这很重要"。

但时间总是有限的

许多人都感受到了受众不耐烦的压力（参见第15章相关内容）。人们总是认为自己需要抓紧时间，迅速表明观点。但是讲一个商业故事并不意味着强迫受众浪费时间。虽然你应该很快展示你的观点，但是快速前进并不意味着从你的解决方案开始。

你必须始终为你的受众创造背景,包括一些有益的紧张情绪,这样他们才有理由关心你所讲的。否则,他们不会有动力去听关于你的解决方案的细节的。

你的解决方案一定要被听到。

> 快速前进并不意味着
> 从你的解决方案开始。

路标的出现顺序很重要

讲故事的前 3 个路标——背景、人物和冲突,可以以任何顺序出现。事实上,许多故事都是在锁定任意人物或既定背景之前就以冲突开始的。

想象一下,有多少电影是从一个人逃离危险的东西开始的!你想:那家伙是谁?他在哪?谁在追他?为什么我不能停止看这个?冲突优先是一种讲故事的方式,可以很好地发挥作用。

讲商业故事也是如此。你可以从人物开始,然后转到背景,再继续转到冲突(或按其他顺序),但解决方案必须总是排在最后。

前 3 个路标可以按任何顺序排列

背景　人物　冲突　解决方案

解决方案必须总是排在最后

> **阅读指引**
>
> ### 从不同的角度看 4 个路标™
>
> 至此，你已经有了讲故事的 4 个路标™了，对吧？我们是这么认为的。但是，我们也知道，你们中的许多人可能仍然需要更有说服力。你不能停止想象你的受众在接受你的故事时会想什么：来吧……说重点吧。
>
> 这些我们都能理解，但是你还是要掌握节奏。让我们以稍微不同的方式来看看这些路标，并更深入地探究每个人在你的故事中扮演的潜在人物角色，以及为什么每个人都是推动故事向前发展的不可或缺的一部分。这将帮助你充分理解讲故事框架的各个部分是如何协同工作以构建你的信息，并最终推销你的想法的。

第 4 章
商业故事里的"为什么"、"是什么"和"如何做"

另一种对讲故事有帮助的方法是确定你的事实、数据或想法的优先级,以及展示的顺序,确保能给你的故事带来一个"为什么"、"是什么"和"如何做"。

"为什么"是背景、人物和冲突

前 3 个路标背景、人物和冲突是你故事的"为什么"。具体来说,这是你展示想法、数据和见解的地方,以确立为什么任何人都应该关心你的解决方案。你的"为什么"可以在 30 秒、60 秒或更长时间内口头或用视觉呈现,这取决于你有多少时间。例如,你可以在 5 分钟内把你的"为什么"告诉你的乘客,让他关心你的产品创新理念。

"如何做"是解决方案

如果你已经明确了"为什么",那么你(如果顺利的话)已经给了你(被困)的车友一个关心的理由。但是旅程很快就要结束了!你就快成功了,你必须迅速提供解决方案,也就是你的故事中的"如何做"。你要让他知道你的新服务、解决方案或产品是如何解决你希望他关心的问题——冲突的。

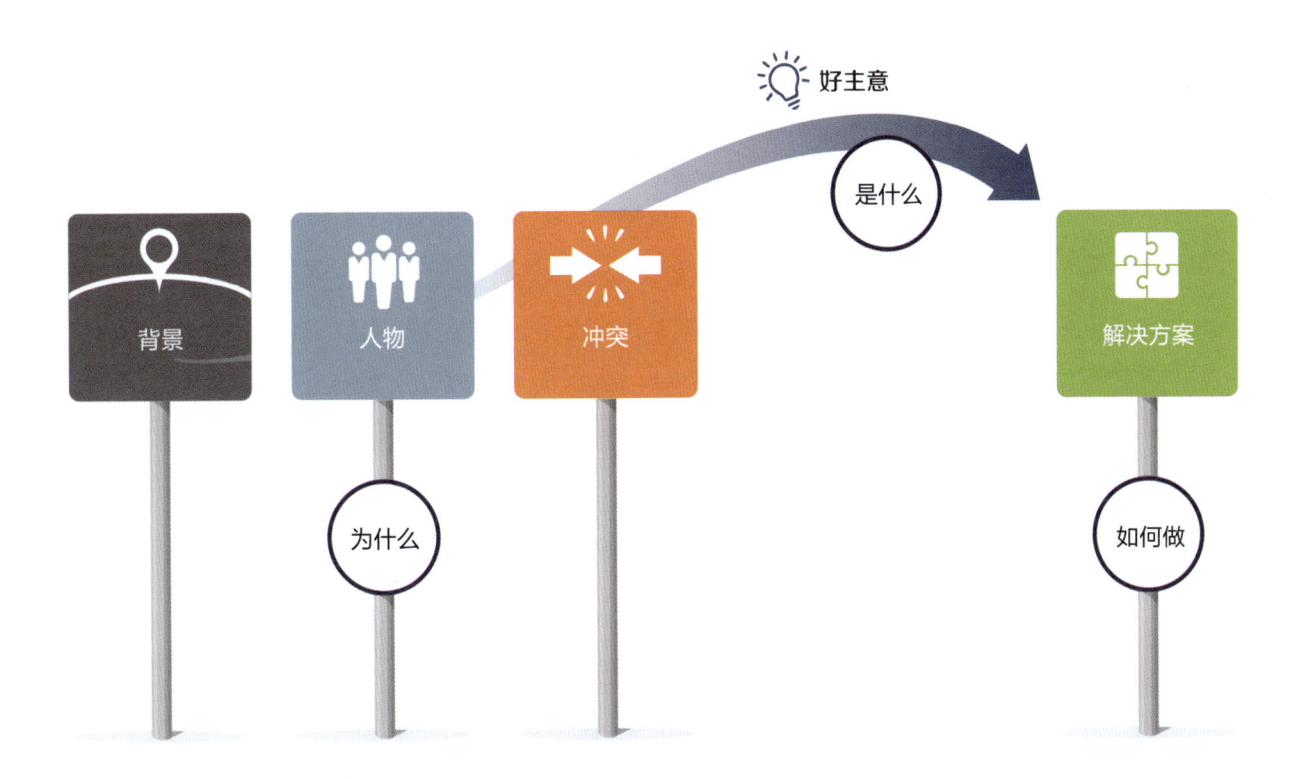

第 4 章 商业故事里的"为什么"、"是什么"和"如何做"

好主意

是什么

背景　　人物　　冲突　　　　　　　　解决方案

为什么　　　　　　　　　　　　如何做

节奏不要太快

在你说出解决方案之前,还有最后一件事必须做。(旅行快结束了!)还有另一个关键信息是每个引人注目的故事都不可或缺的,你需要在讲解决方案之前说出来。这颗种子最终会成长为你的潜在客户下车后所带上的想法。

"是什么"是好主意

每个伟大的故事都需要一个好主意。你的好主意就是你想让受众记住的一件事(因为他们不会记住所有事情)。这就是你故事的内容。

尽管你在许多商业场合中的沟通时间都有限,但你绝对需要一个好主意。因为当你成功地引入冲突——引起受众关注时,你会使受众感到不安。他们在想:"哇,我明白了。这绝对是个问题!"这时就说明你把每件事都做对了。

但现在他们渴望从这种不安中得到一些即时的缓解。他们需要一个心理桥梁来帮助他们解决冲突,以帮助他们接受你的解决方案。

你的好主意就要满足这种渴望,这会使你感觉很好,并觉得自己做对了。正因如此,受众才会记住你的好主意。

> 你需要一个好主意——
> 你想让受众记住的一件事
> (因为他们不会记住所有事情)。

受众需要一个
心理桥梁来帮助他们解决
冲突，以帮助他们接受你
的解决方案

（这就是你的好主意）

第 5 章
好主意

好主意很重要，所以需要深入介绍。什么是好主意？虽然你会有很多好主意，但是在你讲述的商业故事中，应该只有一个主题性的好主意。从一方面来看，这个好主意应该是对你故事中将要发生的事情的一个鼓舞人心的、深刻的、可操作的预览。从另一方面来看，它是电影开始前的"预告片"，需要有引人入胜的关键背景。此时，你基本上是在说："我搞定了，跟着我，就会有好主意……"

好主意的作用

在一个伟大的故事中，虽然你已经建立了很好的背景，制造了一些令人不安的冲突，引起了受众的关注，但你还需要一个吸引人的和有见解的好主意，这样才能使受众一直关注你直到故事结束。你的好主意是你想让受众记住的一件事。

好主意应该是一个简单的、对话式的陈述，它可以体现你故事中有哪些深层次的利益

关于好主意的示例

以下是一些用语言或视觉来表达的商业上的好主意的示例。注意它们是简短、简洁的，并且不包含术语的。（在第 8 章中，你会看到关于如何构建一个好主意的更深入的探索。）

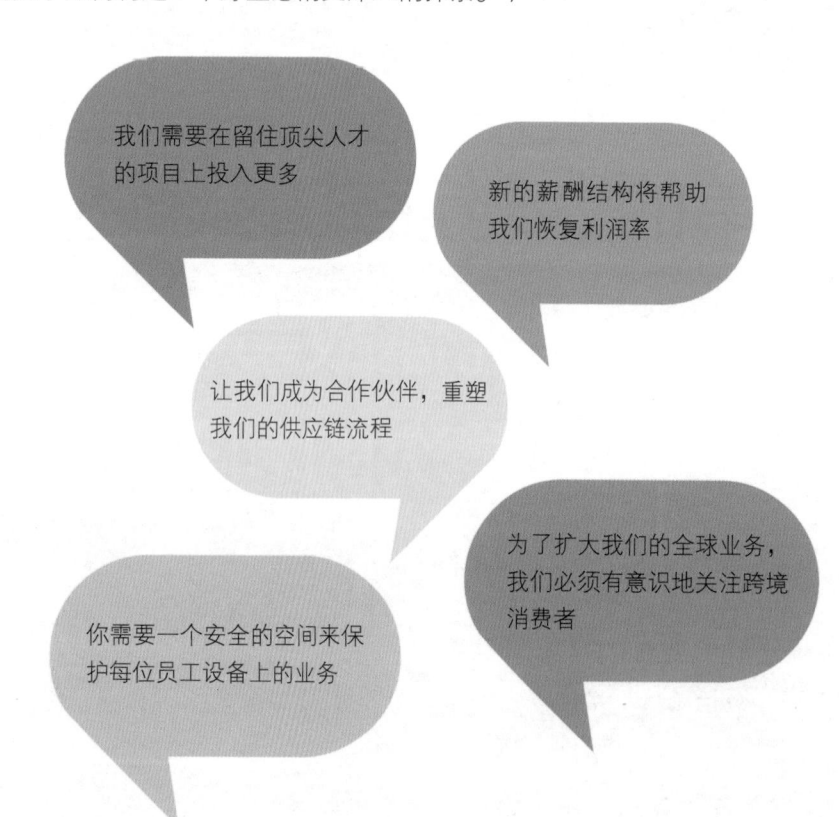

- 我们需要在留住顶尖人才的项目上投入更多
- 新的薪酬结构将帮助我们恢复利润率
- 让我们成为合作伙伴，重塑我们的供应链流程
- 为了扩大我们的全球业务，我们必须有意识地关注跨境消费者
- 你需要一个安全的空间来保护每位员工设备上的业务

现在，让我们回顾一下之前的保险故事。在解释了"为什么"（直接接触下一代保险消费者的前景看起来暗淡）之后，揭示"如何做"之前，这个故事提供了一个好主意。

> 为了接触到未来的保险消费者，我们需要在他们的购买过程中建立相关性

这是一个好主意

这个好主意暗示了解决方案中将要出现的内容，这将是建立相关性的一系列战略和战术。就像上面这个例子一样，人们第一眼就会注意到它是多么的简单和让人放心。与其用详细的图表或满是要点的页面来转移你的冲突，不如用一张主题背景照片来做这样一个简单的陈述，会让受众更容易了解你的想法。简单又难忘。

小结

因此，无论你有 1 分钟、5 分钟还是 30 分钟，都应该花时间建立你的商业故事的"为什么"（WHY），释放你的好主意（WHAT），然后有力地推进你的解决方案（HOW）。这将确保你的信息在那次短暂的优步之旅、那次商务宴请或那次关键的线上会议后被很好地吸收和记住。最重要的是，每次都如此。

第 6 章
整合内容：故事示例

你现在知道，好的故事为什么总是包括"为什么"、"是什么"，以及"如何做"了。以下通过重新审视之前的保险故事，来看下运用所有的故事元素的正确流程。首先，了解一些背景：GO 保险是一个值得信赖的传承了 55 年的家庭保险和车险品牌。

01
连接未来的保险消费者
领导团队会议

02
消费者在购买保险或续保时，有许多资源触手可及
- 60% 与代理人见面或拜访代理人
- 71% 网上调研和对比
- 80% 听取朋友和家人的推荐

03
然而，购买财产保险或车险的混合路径会很复杂
- 经常与其他重大采购挂钩
- 发现可能出现在竞争时间范围内（超 60% 的小于 1 周）

— 背景 & 人物 — | — 冲突 —

07
简单的购买过程
- 设计可移动、友好和无缝对接的在线体验
- 减少消费者的痛点，如漫长的等待时间和复杂的申请流程

购买车险的千禧一代比 X 世代或婴儿潮一代更有可能表示，他们的移动设备在购买过程中发挥的作用比之前提升了 *3.5* 倍

08
个性化体验
- 通过即时通信和人工智能（AI）实现
- 确保代理商可以方便地提供个性化建议和推荐

70% 的千禧一代会在 24 小时内做出决定并购买保险

09
差异化的产品选项
- 人们已经在数字平台上寻找保险产品
- 突出独特的产品差异（AI）以使人们不再只关注价格

51% 的千禧一代在购买保险时会看购买评论（X 世代是 35%，婴儿潮一代是 31%）

38% 的千禧一代认为社交平台是一个了解保险的很好资源

— 解决方案 —

但是，如果它想留在这个行业继续发展，就必须适应千禧一代和新生代的习惯，因为他们购买保险的方式不同于他们的妈妈和奶奶。

这个故事先以一个明确的"为什么"开始，介绍了保险购买的背景及特点，即消费者如何购买保险。再通过引入冲突，解释了保险购买的复杂性，之后通过数据显示接触新消费者的老方法因失效而需要升级。接着，"是什么"（好主意）被揭示，即 GO 保险必须与未来的消费者建立联系。最后，HOW（解决方案）清楚地列出来"如何做"的细节，并通过重述好主意结束了这个故事。

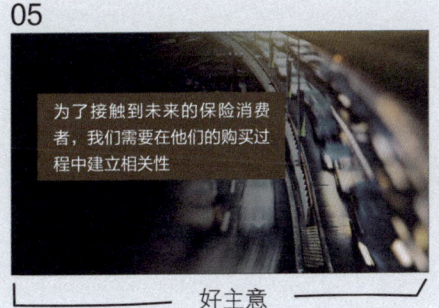

| 04 冲突 | 05 好主意 | 06 解决方案 |

| 10 好主意 |

这个故事以 10 张 PPT 的形式出现。

需要注意，商业故事有各种各样的形式和规模。

请继续阅读更多的示例。

重点回顾

基本的线性故事结构
大家一起来

现在，已经介绍了一个精心构建的故事的各个元素了，接下来再来看看基本的线性故事结构。

1

4 个路标™

每个故事都有背景、人物、冲突和解决方案这 4 个路标™。

2

前 3 个路标必须先出现

路标的出现顺序很重要。前 3 个路标是开场白（按有意义的顺序出现），解释了大家为什么应该关心你的故事，可以用寓言或视觉表达。

3

有好主意

你想让受众记住的一件事是什么？你的好主意应该是一个简单的、对话式的陈述，可以体现你的故事内容。

4

用好主意解决冲突

在故事中引入冲突后,先要缓解受众的不安,再通过引入好主意来解决冲突,即让受众可以预览你的解决方案。

5

最后,展示你的解决方案

第4个路标即你的解决方案,详细说明了你的特色、解决方案或推荐。

第 3 部分

你已经有基础了——
还有什么能帮你呢

第 7 章
用大字标题[1]推进你的故事

恭喜你。你现在已经有了一个精心制作的故事的基本框架了。你甚至看过一个真实的商业故事。它展示了故事中的"为什么"（背景、人物和冲突）、"是什么"（好主意）和"如何做"（解决方案）。（参考第 6 章的内容，更多关于在商业沟通中如何讲故事的示例参考第 4 部分的内容。）

现在，你已经可以进入下一个阶段了。所以，除了这些基本的元素，你还需要一个强大的工具，以确保能推动你的故事向前发展。

简介：大字标题

无论你是在传达一页纸概述、一封电子邮件还是演示 PPT，大字标题都会将你最重要的想法提升到最重要的位置。大字标题有 3 个重要的作用：引导受众的注意力，帮助你控制叙述，确保你的故事向前发展。关于大字标题听起来可能很复杂，但如果你读过杂志或报纸，你就已经很熟悉它们了。每个新闻故事，从《纽约时报》到《福布斯》，再到《快公司》，都在提前宣传的文章中使用大字标题来吸引读者的注意力。

---

[1] 大字标题：本章为了区分无效标题和有效标题，特将有效标题用大字标题来表示，将无效标题用标题来表示。——译者注

大字标题是捕捉你的见解并帮助推进故事的对话式陈述

> 像任何新闻故事一样，
> 你的大字标题应该抽出
> 关键的想法或见解，
> 并把它放在首位。

系列PPT的运用提供了一个很好的示例，可以说明大字标题是如何推进故事发展的。每张PPT的标题都有一个提供有力的大字标题的机会。它们一起进行一种接力赛。每张PPT的大字标题都将故事"接力棒"传递给下一张PPT的大字标题。它们从一个路标流向另一个路标（通过每个路标），将故事推进到"终点"。

这就是为什么大字标题如此重要。它们强烈的背景和视觉信号向受众展示了你在故事中的位置和你将要去的地方。就像任何有趣的新闻大字标题一样，它给受众一种强烈的诱惑，把他们拉向你接下来想告诉他们的事情。

大字标题超级有用（但到处都是模糊的标题是怎么回事呢）

尽管很明显，大字标题会像灯塔的信号一样传递关注，像奥运接力赛中的接力棒一样传递故事，但商务人士通常不会使用它们。相反，他们使用模糊、被动的标题。

要理解大字标题和标题之间的重要区别，想想PPT的内容设计。例如，PPT的标题通常是"下一步""收入"，或者更无聊的标题："更新"。这些标题虽然大而粗并占主导地位，但它们毫无用处。它们完全没有阐明这张PPT的新闻价值。它们不会推动故事向前发展。最糟糕的是，它们迫使人们更加努力地解读你的信息。

标题是对优质空间的极大浪费。

但是在你戴上记者帽，开始制作 PPT 的大字标题之前，先看下你从约 9 千米的高空收集的大字标题是什么样子的。把以上这些结合在一起会有什么意义？（提示：非常有意义。）

大字标题能勾勒出你的整个故事

伟大的沟通者最令人印象深刻的技能之一是他们将想法、事实和数据结合在一起，并使它们相互配合。它们带着受众去旅行。你猜怎么着？

大字标题就像你故事旅程的"GPS 路线图"。

一旦确定了关键的故事元素，下一步就是构建大字标题。令人难以置信的是，当把大字标题串在一起时，就有了完整的叙事大纲。你怎么知道你做得对？只需要单独查看每个大字标题，不需要看额外的内容或视觉效果。这些大字标题能明显地推动故事向前发展吗？它们是否创造了一个有气势的故事？如果答案是"是"，那么你已经完成了你的故事大纲。你有了你的路线图，现在你可以开始填写你剩下的想法了。

更重要的是，一旦制定了大纲，大字标题就会成为每个参会人的重要指南。

大字标题是故事的组织框架。

当你的受众迷失时,大字标题会引导他们

有醒目的大字标题会让你的受众和你一起踏上叙事之旅,这一点怎么强调都不为过。想象一下这个常见的场景:

你在迟到了10分钟时溜进了会议室(或线上会议室)。在前5分钟(压力很大),你会忙着弄清楚自己错过了什么。然而,迟到是一回事,但不知情就会令人尴尬。

哎呀,我到底错过了什么?我们在故事的哪个部分?演讲者是否已经分享了一个重要的细节?

如果即使你拼命地看PPT也没能立即明白这个故事,那可能是因为有模糊的标题,如第1季度更新、议程或市场规模。相反,如果他们什么也没告诉你,但是如有"第一季度显示与前两个季度相比有巨大转变"这样醒目的大字标题,那你可以直接进入到故事中。

大字标题引导讲故事的人(是的,就是你)

讲故事的人也会走神。当一位不耐烦的高管要求你直接跳过一些内容时,当你的搭档偏离主题走神时,当餐车到达时,你就会走神。没有人比讲故事的人更能从拥有大字标题的GPS中获益了。

在面对不可预测的受众时,大字标题会让你保持在正轨上和敏捷(知道哪些不是你的受众)。

一句话:大字标题是很简单、聪明的提示,可以帮助你讲述故事,控制节奏,让一切显得很完美,并总是让你能找到回到叙事轨道上的方法。

撰写好的大字标题

你可以总是在大字标题上有创意，但它们也必须达到推进你的故事向前发展的主要目的。好的大字标题是简洁、具体和对话式的。以下是撰写大字标题的一些技巧。

简明扼要	具体	有沟通
保持简洁，删除不必要的词语。编辑！编辑！编辑！	包括对受众有意义的关键数据点、时间元素或度量单位。	大声说出你的大字标题——它们应该听起来很自然，避免套路话。如果你被卡住了，想象你的 PPT 或电子邮件可以自己说话，那它们会怎么说？

大字标题第一,视觉效果第二

对于你构建的任何视觉故事,无论是做摘要、演示文稿还是一页纸概述,都要在构建视觉效果之前构建大字标题。这是因为你的大字标题作为故事大纲,应该直接驱动你对视觉效果的选择。

当然,你可以随意写下想法,但在设计任何东西之前,最好先勾勒出你的大字标题。(关于视觉效果的好主意可参见第 9 章的相关内容。)

如何把一些标题变成大字标题

既然我们讨论过大字标题,抱怨过标题不合适,那么接下来再看看它们在日常业务沟通中和好的大字标题有何不同。在左边,你会看到模糊的标题,基本上什么也没有告诉我们。在右边,我们把它们变成了有价值的、活跃的大字标题,这让我们想深入了解更多。看到区别了吗?

标题	大字标题
收益	云计算推出后的 3 年里,收入猛增
更新	X 项目有望在第 4 季度上线
时间线	我们预计分 3 个阶段推出
消费者行为	大多数消费者在假期购买或者更换移动设备
实施时间线	趋势显示需要 3~6 个月的实施时间

关于字数

现在让我们直奔主题。一个大字标题比一个标题包含更多的字，那是因为大字标题需要包含更多的信息。大字标题需要准确地告诉受众他们需要知道什么，或者用你分享的信息做什么，所以对于字数你要有一个权衡。虽然你让受众在 PPT（或电子邮件）的主题中阅读了更多的字，但这些字给这个故事增加了巨大的意义。如果你给他们的是真正的、有价值的"肉"而不是"一般填充物"，那任何人都会心存感激，甚至放心。将大字标题融入到你所有的商业沟通中，你将永远不会浪费宝贵的 PPT 空间。

用有意义的话包装你的故事，激发好奇心，推动你的故事向前发展。

这都是值得的。

从你的故事框架中构建大字标题

让我们重新审视我们的讲故事框架，以帮助指导好的大字标题的构建。以下是映射到 4 个路标™ 的"开始"的大字标题的几个示例。（关于好主意的大字标题的示例参见第 8 章的相关内容。）

任何人对此都很感激,因为
他们不必眯着眼睛,靠着
身体去理解你的内容的
意义

背景	现在……比以往任何时候都多……	一年前我们推出了……	行业预测显示……
人物	这是丹，20%……中的一个……	我拥有一部智能手机，每天我都用它来……	千禧一代面临着越来越多的……负担……
冲突	然而有一半……	尽管我们努力……	但是我们的项目缺乏可见性……
解决方案	旅程从……开始……	这是我们的解决方案……	以下分3个步骤……

注意到每个大字标题中使用的语言是如何适合各自的路标的吗？一般来说，故事背景中使用的大字标题在语气上是中性的；与故事人物相关的大字标题是由人驱动的，描述了受众应该与之相关的人群；用来描述冲突的大字标题带有紧张和消极的语气，包括"然而"、"尽管"和"但是"等表示叙事转变的词。

小结

醒目的大字标题是一个重要的讲故事的工具

醒目的大字标题是你讲故事的有力工具和GPS路线图。每个图表或项目符号列表、每封电子邮件、每次虚拟会议都应该有大字标题。大字标题应该推动每次商业对话的进行。

第 8 章
构建好主意的简单方法

你讲故事的工具越来越多了。以下深入了解一下我们在第 5 章中介绍的好主意的相关内容。好主意是你讲的每个故事的核心和灵魂,它必须具有吸引力和提供见解。

> 你的故事中包含的每个事实、
> 想法或数据,无论多么微小,
> 都必须与你的好主意联系起来。

因此,你的故事的命运如何很大程度上取决于你的好主意。以下进一步探索好主意是什么,以及如何使它变得更好。一般来说,好主意有以下 4 个关键特征。

好主意的 4 个关键特征

1. 解决故事中的冲突

前 3 个路标(背景、人物和冲突)是故事的基础,它们非常重要。记住,这是为了使受众关心你提出的问题(你的冲突）。如果你没使他们关心你的冲突，他们就不会关心你的解决方案。

一旦建立了前 3 个路标，你就必须向受众保证，有一种方法可以解决这个问题。这是你的好主意。

好主意和冲突就像阴 / 阳场景，它们连接在一起。如果你想不出你的好主意是什么，那么可能是因为你的故事中没有明确的冲突。在你的故事发展的早期寻找这个重要的信号。

2. 提供见解

最好的好主意充满了巨大的希望。这种对未来的暗示应该使受众备受鼓舞，并对更新、更好的机会有一个预览。在第 2 章中，我们研究了见解，以及它们如何将人们带向更光明的未来。这正是你的好主意所扮演的角色，它是你的其他见解的鼻祖。就像任何好的见解一样，它应该按照你的想法改变受众的思维和心态。

3. 是可行的

好主意使你的见解变得可行。你已经通过讲故事的前 3 个路标把受众带进了一段旅程。每个新的见解都是建立在以前的基础上的，以加深受众对现状或问题的理解。当你告诉受众足够多的信息以使他们陷入困境时，这就引出了一个问题：下一步是什么？

> 好主意是一个转折点，
> 在这里你的见解变成了行动的号召。

你的受众需要通过一句简单的话知道他们应该知道什么或做什么。如果你做对了，他们会好奇地探过身来了解你的计划（解决方案）的细节。

4. 完全集中在受众身上

完全集中在受众身上这点是重要的，通常也是很难的。受众只会相信一个关注他们自身和需求的好主意。你如何克制自己不去谈论自己呢？尝试这样做：永远不要在好主意中包含你的公司或产品名称，这对销售人员来说尤其具有挑战性。一个很好的好主意从来不是关于一个产品或一家公司的，它总是关于背后更大的概念。

更大的概念是决策者所关心的。

创造好主意

准备好卷起袖子，构建一个好主意了吗？以下是你需要知道的。你的好主意由两部分组成：

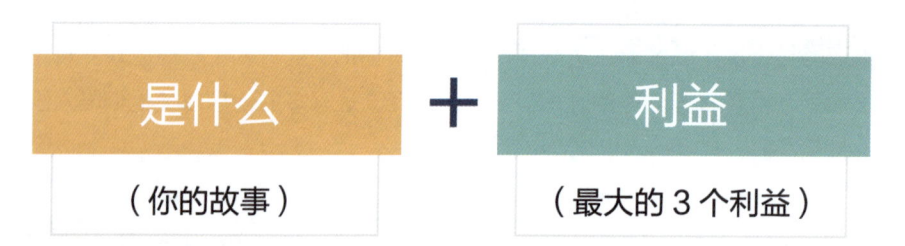

是什么	+	利益
（你的故事）		（最大的 3 个利益）

你的好主意是一个简洁、具体和对话式的陈述，概括了你的故事的内容，以及一些深层次的利益。

记住，你的好主意必须激励你的受众，并直接解决你故事中的冲突，但它也有另一份工作。它应该通过触及一些（仅仅几个）深层次的利益来预览你即将推出的解决方案。对于深层次的利益，我们建议不超过 3 个。

就像你的大字标题一样，你的好主意应该很容易表达出来。为了测试这一点，你总是要大声说出你的好主意（就像你在告诉朋友一样）。这会立刻有意义吗？这听起来像对话吗？你会脱口而出吗？

接下来看看一家我们称为涅槃科技公司（以下简称涅槃科技）的一些基于真实公司情况的好主意。

案例研究

案例背景

涅槃科技为机场提供服务，并提供全天候的技术支持，以确保机场的所有屏幕正常工作。亚历克斯·富恩特是涅槃科技的高级技术总监，他有时需要向首席财务官做汇报。亚历克斯希望首席财务官批准他的关于涅槃科技技术服务人员的新薪酬结构，因为他注意到公司的利润率在深夜时段不断地在下降。他有15分钟的时间陈述理由并获得批准。

为了解决这个问题，亚历克斯必须首先说明公司为什么亏损和薪酬结构效用低下（导致利润损失），再来介绍他的好主意。

以下是亚历克斯构建好主意的3种方式。请注意，"是什么"和"利益"的顺序并不重要，重要的是它们都可以直接解决故事的冲突。

#1　一个新的薪酬结构将有助于恢复我们的利润

#2　我们需要一个新的薪酬结构来恢复我们的利润

#3　为了恢复我们的利润，我们需要一个新的薪酬结构

是什么　　利益

好主意可以是有声的（但不一定要如此）

我们所说的"有声的"是什么意思？有声的好主意甚至比典型的"是什么+利益"语句更具对话性，因为它们减少了元素的数量。它们包含"是什么"部分，但不包含"利益"。此外，有声的好主意通常是口头表达的，因为它们很容易使人脱口而出。它们包含了口语化和亲切的语言。好的演讲很容易让你的受众在你的会议或演讲结束后重复演讲内容。

注意：只有在自然出现的情况下，才使用有声的好主意

有声不是必需的，也不应该被强制使用。有声的好主意，必须清楚地强化和支持你最初的"是什么+利益"的陈述，并最终以一种更具对话性的方式传达你的好主意。再说一遍，如果有声有用，那很好，但是不要在这上面花太多时间。

好主意示例

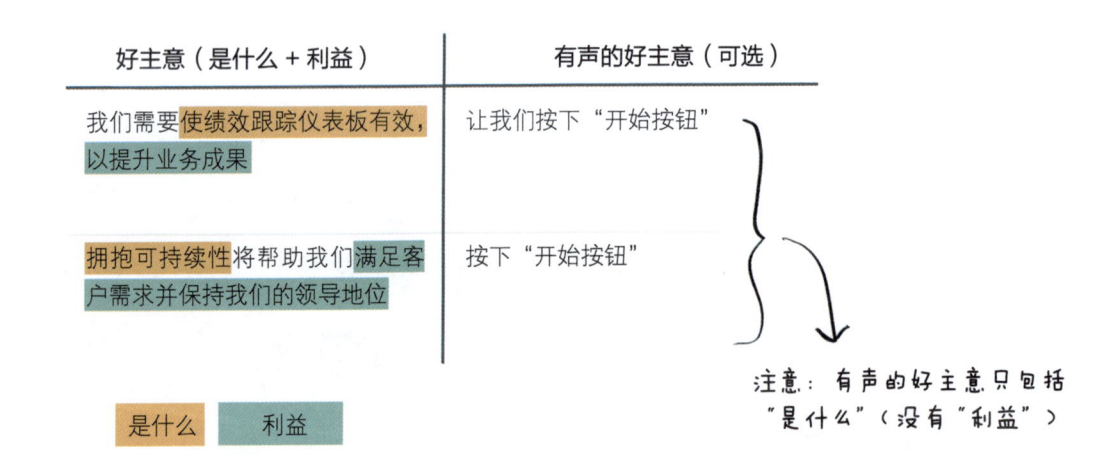

好主意（是什么+利益）	有声的好主意（可选）
我们需要使绩效跟踪仪表板有效，以提升业务成果	让我们按下"开始按钮"
拥抱可持续性将帮助我们满足客户需求并保持我们的领导地位	按下"开始按钮"

是什么   利益

注意：有声的好主意只包括"是什么"（没有"利益"）

从以下提示中获得灵感

你的好主意是你整个故事的信息基础。记住,要让它听起来自然,使用你"说话"的声音而不是你"写作"的声音。以下是一些关于使用有声的好主意的提示,可以给你一些启发。

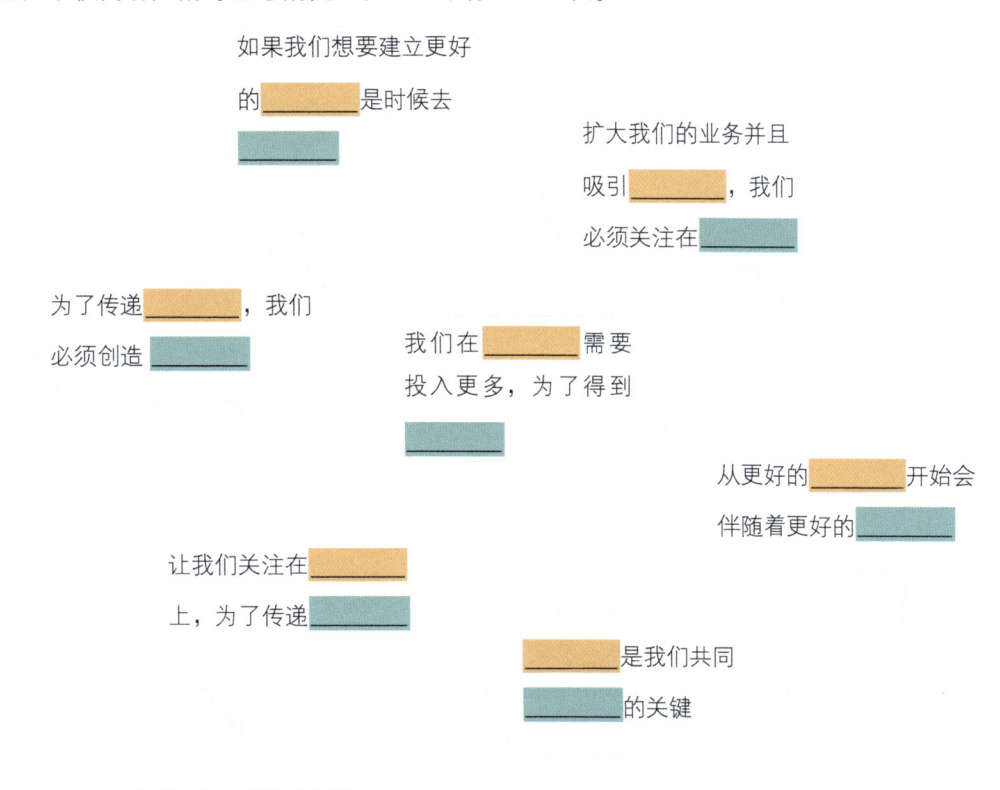

如果我们想要建立更好的 _____ 是时候去 _____

扩大我们的业务并且吸引 _____,我们必须关注在 _____

为了传递 _____,我们必须创造 _____

我们在 _____ 需要投入更多,为了得到 _____

从更好的 _____ 开始会伴随着更好的 _____

让我们关注在 _____ 上,为了传递 _____

_____ 是我们共同 _____ 的关键

是什么   利益

好主意清单

以下是一个不好的主意和一个好的主意的根本区别：

不好的	好的
✗ 啰唆	√ 简洁
✗ 包括术语和/或不常见的首字母缩写	√ 会话式（使用日常语言）
✗ 没有"是什么"	√ 有"是什么"
✗ "利益"太多而显得不清楚	√ "利益"很清楚（1个，2个，最多3个）
✗ 难以被记住和分享	√ 易于记忆和分享
✗ 受众不问"如何做"或者"告诉我更多"	√ 受众不得不询问"如何做"或者"告诉我更多"
✗ 不容易从背景/角色/冲突转向解决方案	√ 容易从背景/角色/冲突转向解决方案

小结

到目前为止，你已经了解了基本的故事结构，看到了大字标题的作用，并学会了如何构建你的好主意。有了这些，你就可以把你的故事讲得更上一层楼了。以下介绍一些使你的故事视觉化的行之有效的方法。

第 9 章
将你的故事视觉化的 5 种行之有效的方法

人们生活在一个视觉世界中。高速公路广告牌、电视广告和不间断的社交媒体新闻不断向人们发送信息。但是，如果你仔细观察，你就会发现记忆中的视觉效果不仅是随机产生的色彩或美丽。

> 巧妙的视觉化极具策略性，它能让人们注意到并采取行动。

以上这个逻辑也直接适用于商业沟通。精心设计的视觉化放大了人们的见解和建议，因此它们很容易被理解，更容易被记住，更有可能激发行动。

为什么视觉可以帮助人们记忆事物

正如在第 1 章中的约翰·梅迪纳所提出的那样，神经科学与人们为什么对视觉的记忆比对口语或阅读文字的记忆更多有关。他发现，以视觉形式表达的想法比印刷或口头表达的相同信息被处理得更快。视觉可以使你的想法人性化，从而引发情绪和感受。激励人们行动的是情感（甚至超过纯粹的逻辑）。

相反，分散注意力或令人厌烦的视觉化（如充满纯文字或数字的页面或屏幕）会使人们的情绪变得迟钝，并减慢决策速度。

遗憾的是，商业沟通中充斥着糟糕的视觉化。它深陷于文字、图表和要点之中。要理解为什么正确的视觉化如此重要，你必须问自己一个问题：我演讲或者写邮件或者提建议的目的是什么？是为了做出决定还是推进商业对话？

为什么最佳的视觉化计划会出现严重错误

视觉化会出错的主要原因有两个：缺乏时间或者故事策略有问题。先说时间。每个人都希望节省时间、重复使用现有内容并重新调整其用途。例如，人们都把以前的PPT或从同事那里"借来"的PPT放在一起，以便快速完成任务。最初，这似乎总是能节省时间，但这通常是以牺牲连贯性为代价的。为什么会这样？因为如果不先制定一个故事策略，则很难构建一个连贯的故事。故事策略提供了故事所需的框架，规定了应该包含在故事中的所有内容及所有不该做的事。

当你在没有专注力、意图或故事策略的情况下组合一个故事时，你的信息往往会丢失。

科学怪人™（当糟糕的视觉描述用在优秀的人身上时）

我们用一个非常专业的术语科学怪人™来形容这种不连贯的、大杂烩式的沟通。你见过这些科学怪人™，他们出现在我们的会议中，淹没了我们的收件箱。结果可能很可怕！你的受众会感到困惑，因为没有明确的信息或行动呼吁。最终，你失去了影响决策和推动业务发展的机会。

在商业世界里，糟糕的视觉化无处不在。例如，数据、项目符号和文字被严重滥用，颜色、字体和图像通常看起来是随机的，更不要说没完没了的俗气照片了。

那么，如何才能让视觉化正确呢？

科学怪人™

是可怕的

视觉化工具包

强烈的视觉化对于传达强有力的信息是至关重要的。因此，以下将介绍让故事视觉化的 5 种行之有效的方法。我们将要探索的一切如照片、示意图、数据、文字和视频，通常都被用来推进故事向前发展。

照片

照片在讲故事方面确实很有力量。图片比文字更令人难忘，因为它们使你的信息人性化，并帮助你在情感层面上与受众建立联系。照片也有助于为你的演示创造气氛或主题感，尤其当你在展示关于人的数据或事实时。

示意图

示意图对于使用各种形状和颜色将信息"分块"并聚类成易于理解的小概念非常有用。示意图可以很好地替代过度使用的图形和表格，甚至是时间线，以吸引注意力，并说出你的关键信息。

数据

数据通常以传统的图形和表格的形式呈现。然而，在使用数据时不要局限于图表形式，可以使用超大数字、文字和基本形状的组合来吸引受众对关键数据的关注，并推进故事向前发展。

文字

没错，文字也是视觉的一种！事实上，文字是最常见的视觉展示。遗憾的是，它被过度使用了。由于像 PPT 这样的流行软件默认使用项目符号和文字，所以我们经常会看到塞满了文字的 PPT，这使快速浏览和消化变得困难。但是，如果少量使用颜色和大小对比鲜明的文字，那演示效果会很好。

视频

视频是改变任何商业故事的节奏、声音和媒介的绝佳方式。视频可以帮助你为故事的开头定下基调，让你的人物栩栩如生，或者提供一个戏剧性的结尾来强化你的好主意。视频最好是比较简短的，目的是传达信息。同样重要的是，你要轻松自然地使用你的视频，以免打乱故事的整体流程。

支持故事结构的视觉化指南

你有 5 种视觉化你的故事的选择。现在，为这些视觉化如何融入线性故事结构制定一些指导方针。回顾一下，线性故事结构包括 4 个路标™：背景、人物、冲突和解决方案（或者包括"为什么"、"是什么"和"如何做"）。你的最终目的是，构建一个好主意并使受众接受它。请记住，视觉化可用于不同的商业故事，但并不是必须使用的。

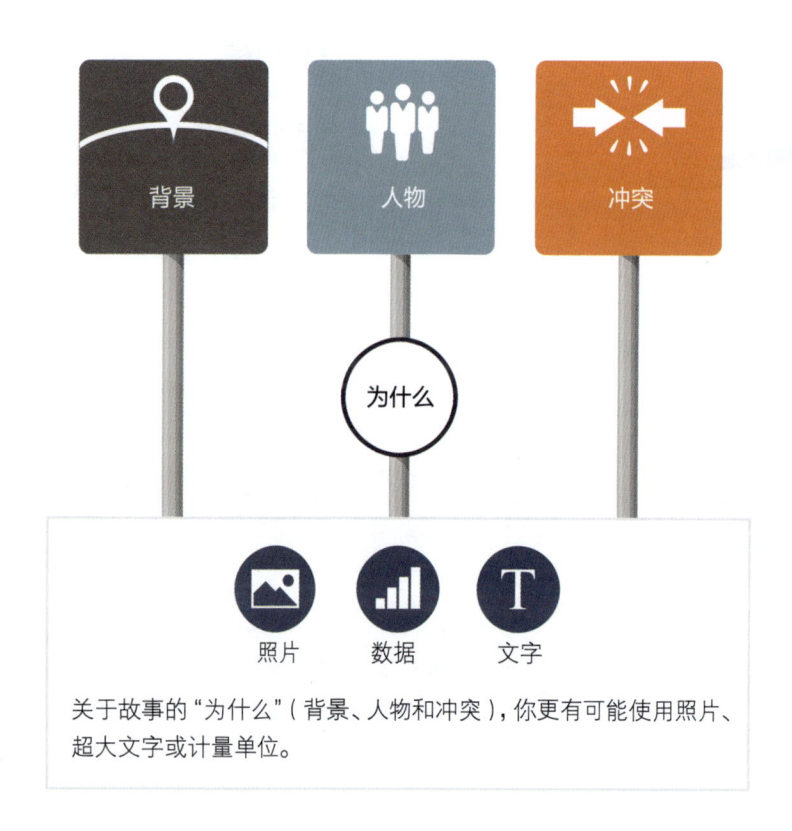

背景　　人物　　冲突

为什么

照片　　数据　　文字

关于故事的"为什么"（背景、人物和冲突），你更有可能使用照片、超大文字或计量单位。

是什么

💡 好主意

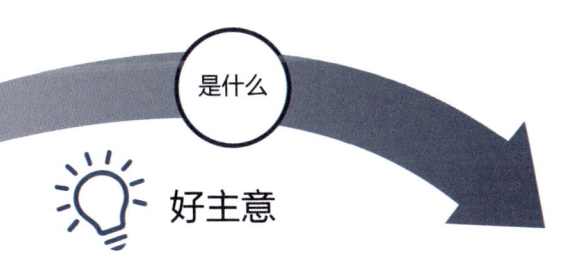

照片 **文字**

对于故事的内容（好主意），大号的文字陈述可以很好地让它脱颖而出。你当然可以添加有纹理的背景或照片，但这并不重要。

解决方案

如何做

示意图 **数据** **文字** **视频**

对于故事的解决方案，你可能想要使用示意图、数据、文字和视频来使故事细节栩栩如生。

始终选择一个良好的视觉平衡

虽然对于如何选择合适的视觉化组合没有确切的科学依据，但提供一个合适的多样性是个好主意。我们总是建议永远不要爱上任何一张照片、图表或示意图。时刻将故事内容放在首位，然后再选择视觉效果（直接支持你的故事发展）。

以下是其他一些需要考虑的点。

不要重复

如果一个视觉类别似乎主导了你的故事，如有太多的照片、文字PPT、表格等，那么重新考虑你的选择，并寻找组合的方法。

保持简单

你不需要使用所有的视觉展示。另外，不要觉得应该使用太多不同的视觉展示。不要害怕使用对你来说陌生的视觉化方法。

文字适度

虽然PPT中充斥着很多文字会使受众很难接受，但是，少量地使用文字是可以的。在简短的陈述中使用文字，会是一种简短而有力的"视觉停顿"。记住，少即多。

PPT 的极端改造

至此，你已经学习了关于好主意的具体结构，如何使用醒目的大字标题来推动故事发展，使你的故事栩栩如生的 5 种最常见的视觉化方法。但是，正如无穷无尽的流行真人秀所证明的那样，没有什么比鼓点声更能突出灾难性的"热混乱"和设计胜利之间的区别了——极端改造。

所以，做好心理准备，来看看 8 个极端的 PPT 改造。你会看到糟糕的 PPT 在哪里出了问题，看到伟大的 PPT 在哪里真正大放异彩。以下 7 个强有力的示例将向你展示如何让受众一目了然地了解他们需要了解的内容。希望这能提醒你，简单、清晰、有吸引力的视觉效果永远不会偶然出现。

> 选择视觉化时的专注是
> 成功讲故事的关键驱动力。

阅读指引

当你翻到下页时，你会发现左右页面的上半部分显示了清晰的"改造前和改造后"的 PPT 页面，但没有相关注释。左右页面的下半部分增加了对于改造前和改造后 PPT 页面的相关注释。（为了好玩，你可以把左边页面的上半部分都看完，然后试着猜测每张 PPT 的错误和正确之处。你能看出来吗？）

视频游戏统计

- 全世界有 27 亿位活跃的电子游戏玩家
- 在美国的游戏玩家中，45% 是女性玩家
- 26~35 岁的年轻人每周玩电子游戏超过 8 小时

Source: State of Online Gaming, Limelight Networks

改造前　什么没有效果

标题不完整（模糊）→

数据被埋在文字中，难以被看见

视频游戏统计

- 全世界有 27 亿位活跃的电子游戏玩家
- 在美国的游戏玩家中，45% 是女性玩家
- 26~35 岁的年轻人每周玩电子游戏超过 8 小时

Source: State of Online Gaming, Limelight Networks

← 照片样式不同，且排列不整齐

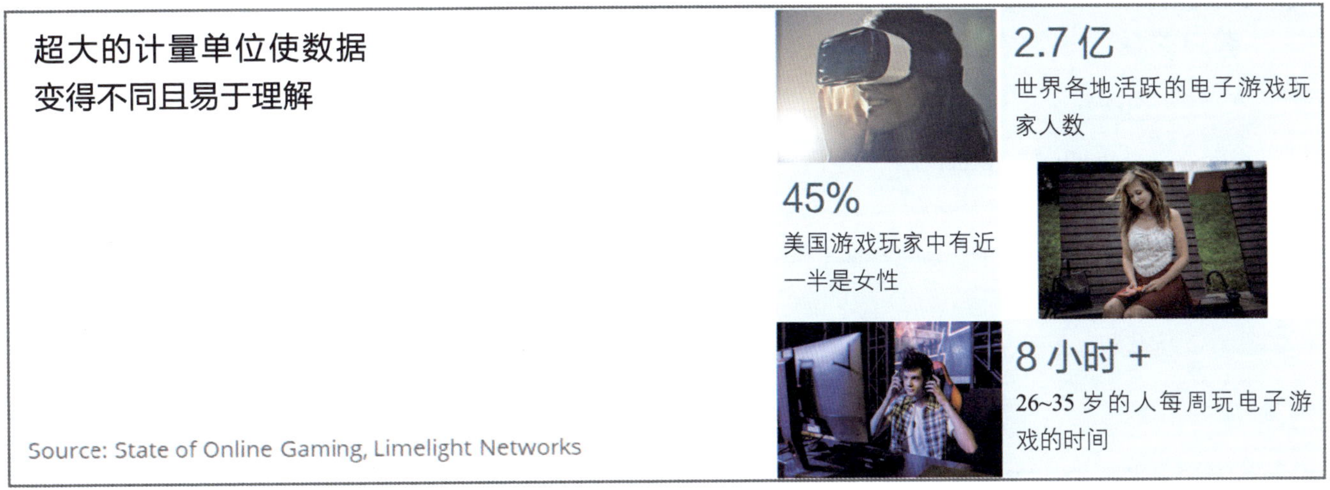

超大的计量单位使数据
变得不同且易于理解

2.7 亿
世界各地活跃的电子游戏玩家人数

45%
美国游戏玩家中有近一半是女性

8 小时 +
26~35 岁的人每周玩电子游戏的时间

Source: State of Online Gaming, Limelight Networks

改造后 什么有效果

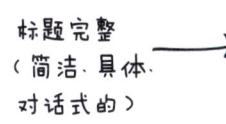

超大的计量单位使数据
变得不同且易于理解

2.7 亿
世界各地活跃的电子游戏玩家人数

45%
美国游戏玩家中有近一半是女性

8 小时 +
26~35 岁的人每周玩电子游戏的时间

Source: State of Online Gaming, Limelight Networks

标题完整
（简洁、具体、
对话式的）

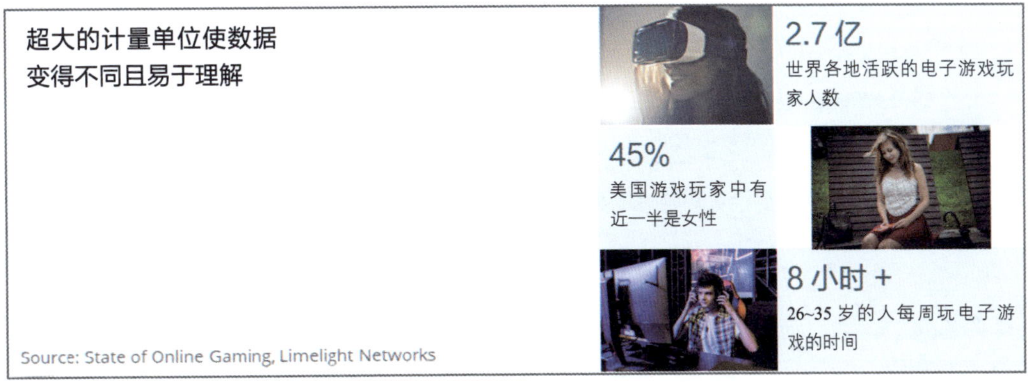

超大的单位
使数据易于
被快速消化

照片样式统一
且排列整齐

客户关系

- 社交媒体联系
    - 在 LinkedIn 或 Twitter 上保持联系
- 电话沟通
    - 通过清晰和开放的沟通保持参与和知情
- 线下见面
    - 培养关系并建立深层次的联系

改造前 | 什么没有效果

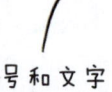

标题不完整
（模糊）→

客户关系

- 社交媒体联系
    - 在 LinkedIn 或 Twitter 上保持联系
- 电话沟通
    - 通过清晰和开放的沟通保持参与和知情
- 线下见面
    - 培养关系并建立深层次的联系

项目符号和文字
无法吸引受众

← 错过了使信息视觉化、易于消化和记忆的机会

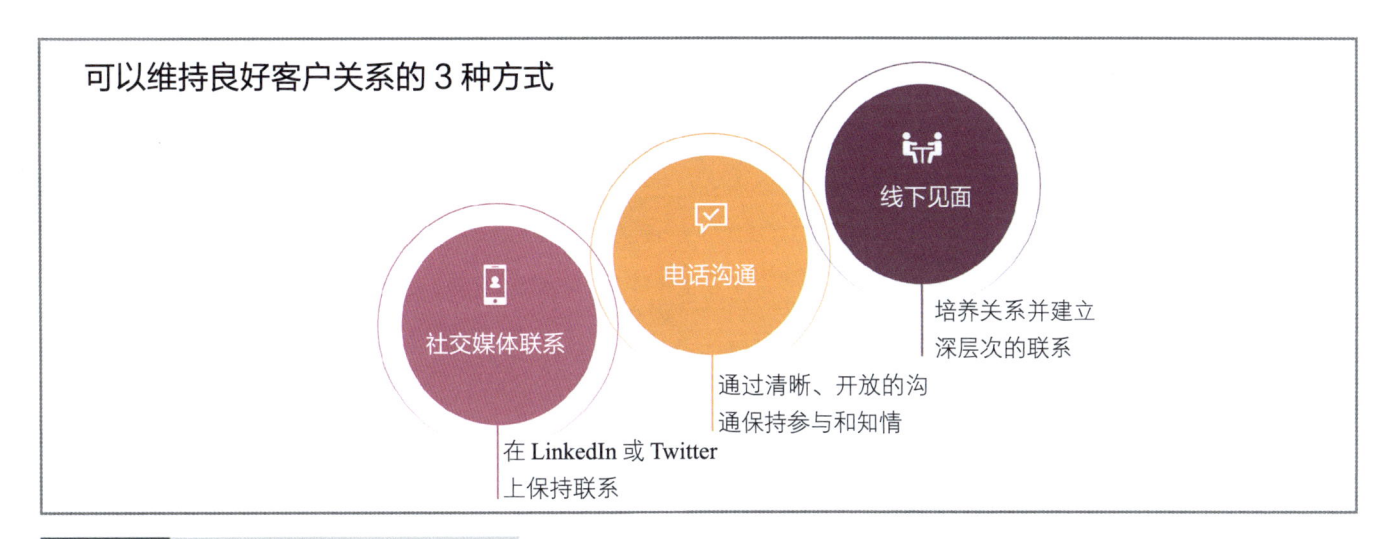

可以维持良好客户关系的 3 种方式

- 线下见面
  - 培养关系并建立深层次的联系
- 电话沟通
  - 通过清晰、开放的沟通保持参与和知情
- 社交媒体联系
  - 在 LinkedIn 或 Twitter 上保持联系

| 改造后 | 什么有效果 |

标题完整（具体明确了 3 种方式）→

可以维持良好客户关系的 3 种方式

- 线下见面
  - 培养关系并建立深层次的联系
- 电话沟通
  - 通过清晰、开放的沟通保持参与和知情
- 社交媒体联系
  - 在 LinkedIn 或 Twitter 上保持联系

← 彩色的形状和图标有助于把信息分块，并使内容通俗易懂

网上订购

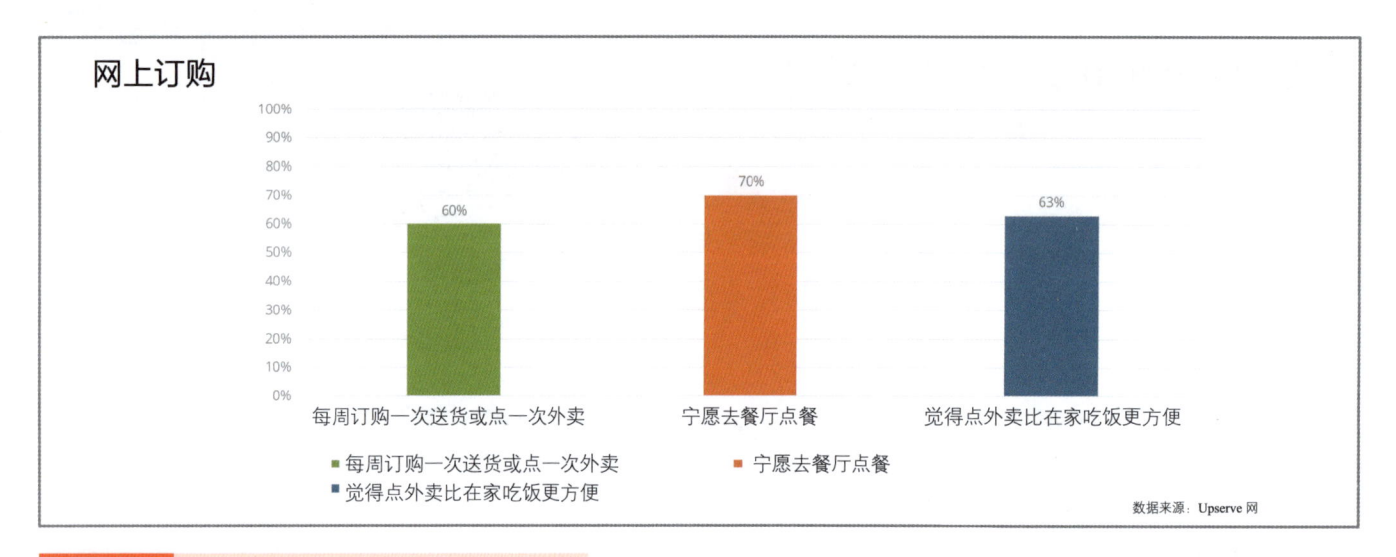

（柱状图：每周订购一次送货或点一次外卖 60%；宁愿去餐厅点餐 70%；觉得点外卖比在家吃饭更方便 63%）

图例：
- 每周订购一次送货或点一次外卖
- 宁愿去餐厅点餐
- 觉得点外卖比在家吃饭更方便

数据来源：Upserve 网

改造前　什么没有效果

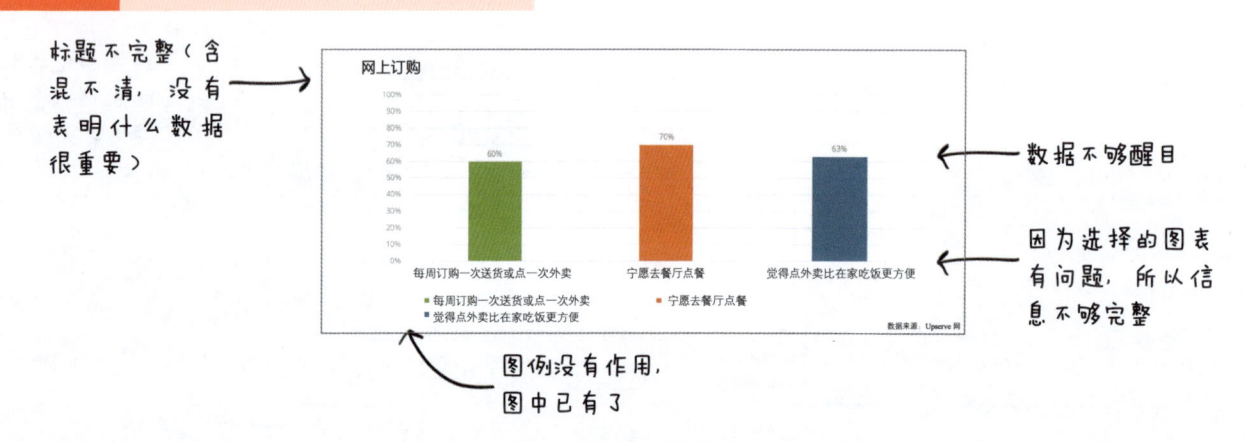

标注说明：
- 标题不完整（含混不清，没有表明什么数据很重要）
- 图例没有作用，图中已有了
- 数据不够醒目
- 因为选择的图表有问题，所以信息不够完整

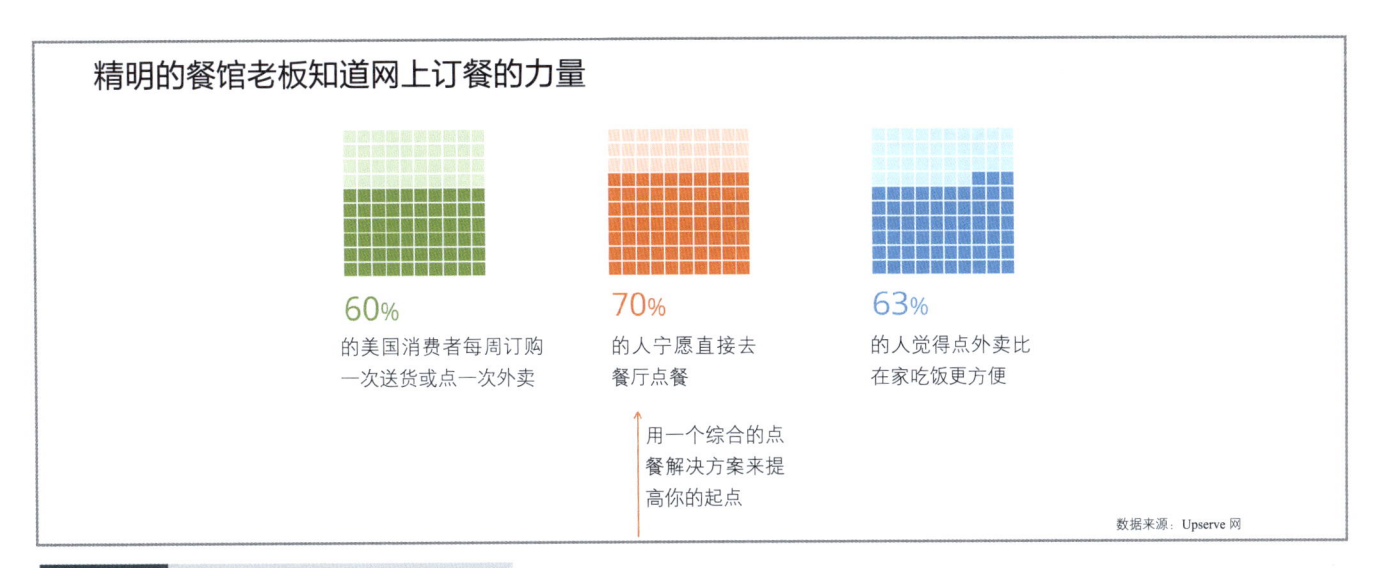

第 9 章　将你的故事视觉化的 5 种行之有效的方法

精明的餐馆老板知道网上订餐的力量

60%
的美国消费者每周订购一次送货或点一次外卖

70%
的人宁愿直接去餐厅点餐

用一个综合的点餐解决方案来提高你的起点

63%
的人觉得点外卖比在家吃饭更方便

数据来源：Upserve 网

改造后　什么有效果

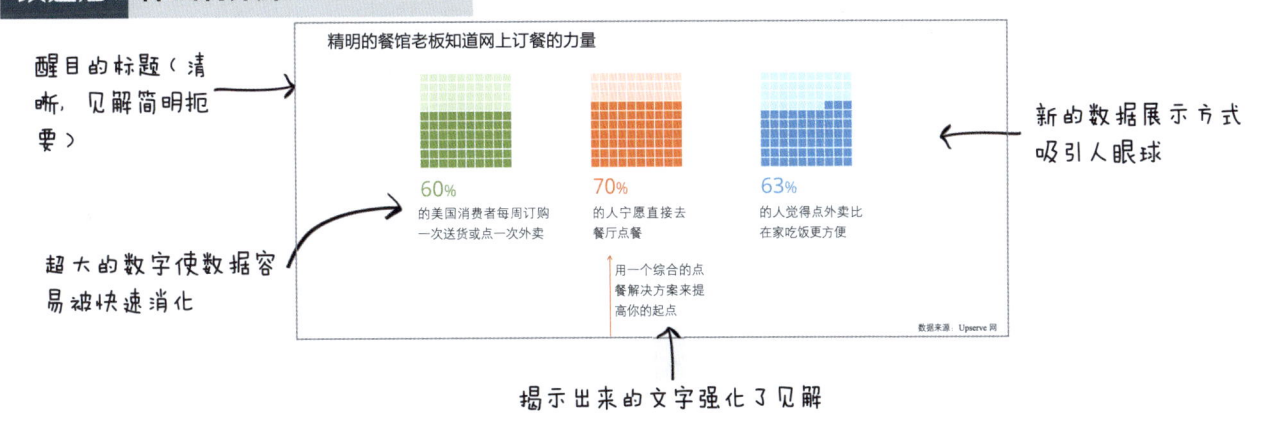

醒目的标题（清晰，见解简明扼要）

超大的数字使数据容易被快速消化

精明的餐馆老板知道网上订餐的力量

60%
的美国消费者每周订购一次送货或点一次外卖

70%
的人宁愿直接去餐厅点餐

用一个综合的点餐解决方案来提高你的起点

63%
的人觉得点外卖比在家吃饭更方便

数据来源：Upserve 网

新的数据展示方式吸引人眼球

揭示出来的文字强化了见解

085

青少年的媒体使用习惯

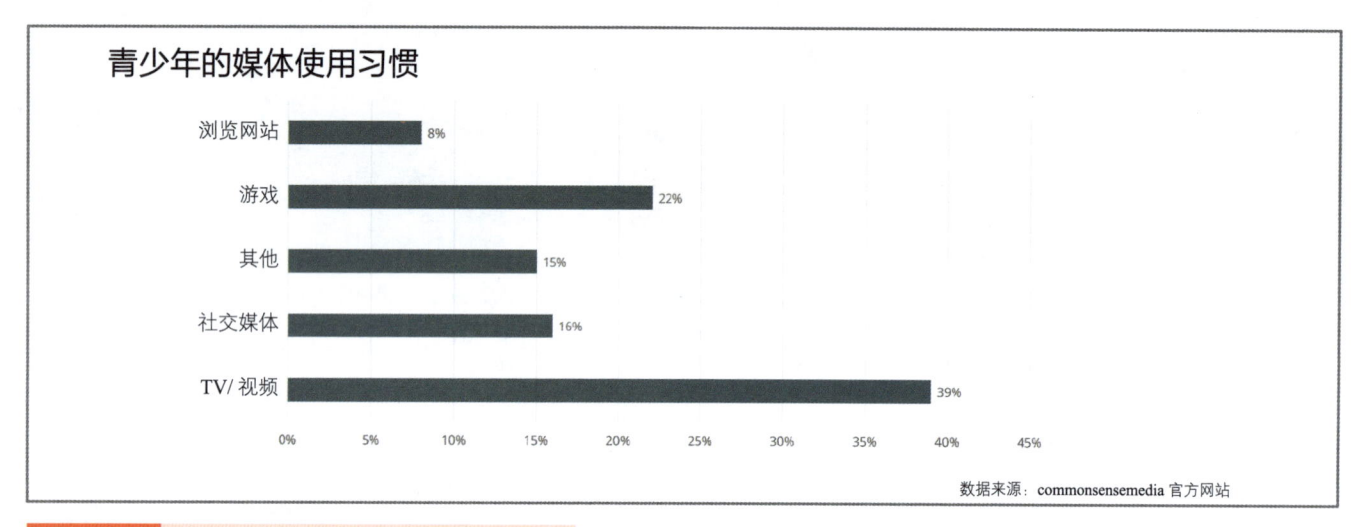

- 浏览网站 8%
- 游戏 22%
- 其他 15%
- 社交媒体 16%
- TV/视频 39%

数据来源：commonsensemedia 官方网站

改造前 | **什么没有效果**

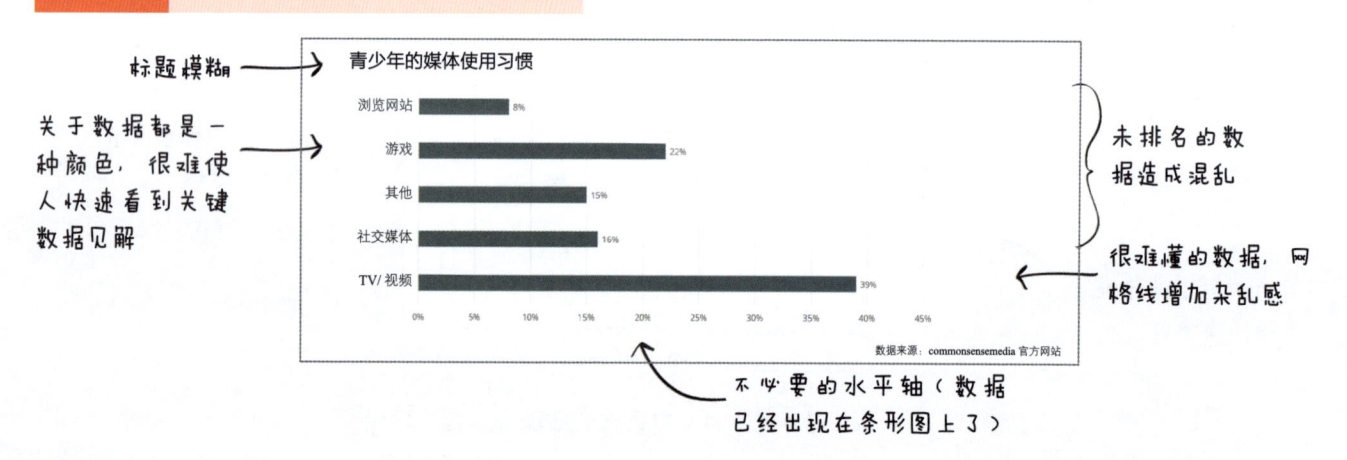

青少年的媒体使用习惯

- 浏览网站 8%
- 游戏 22%
- 其他 15%
- 社交媒体 16%
- TV/视频 39%

数据来源：commonsensemedia 官方网站

- 标题模糊
- 关于数据都是一种颜色，很难使人快速看到关键数据见解
- 未排名的数据造成混乱
- 很难懂的数据，网格线增加杂乱感
- 不必要的水平轴（数据已经出现在条形图上了）

第9章 将你的故事视觉化的5种行之有效的方法

青少年娱乐时的屏幕使用时间

- TV/视频 39%
- 游戏 22%
- 社交媒体 16%
- 其他 15%
- 浏览网站 8%

61% 娱乐

数据来源：commonsensemedia 官方网站

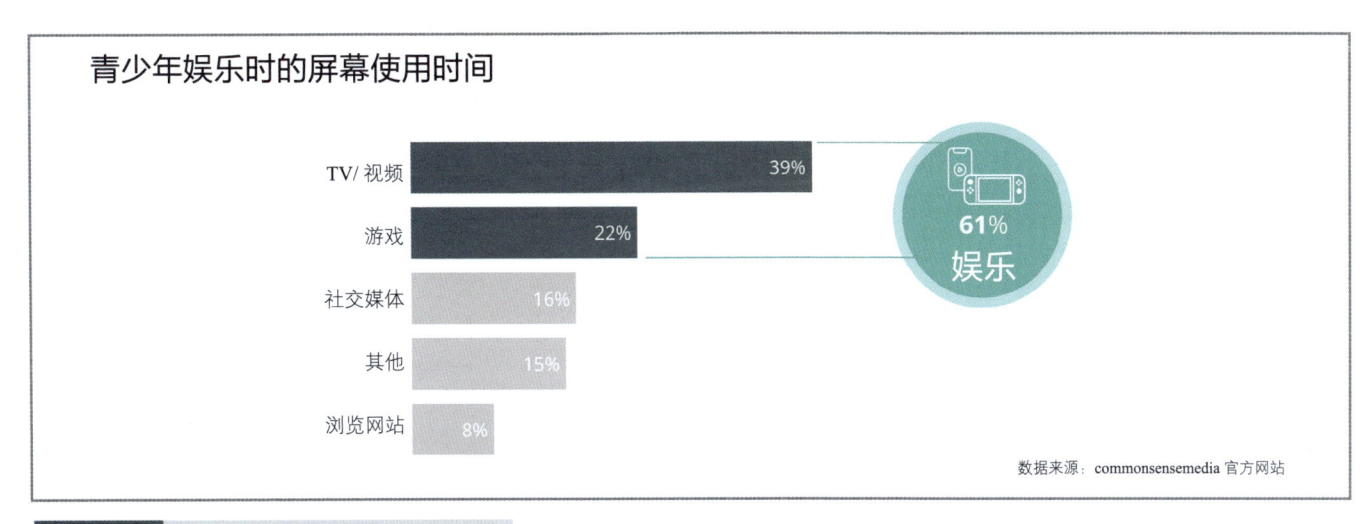

改造后 | **什么有效果**

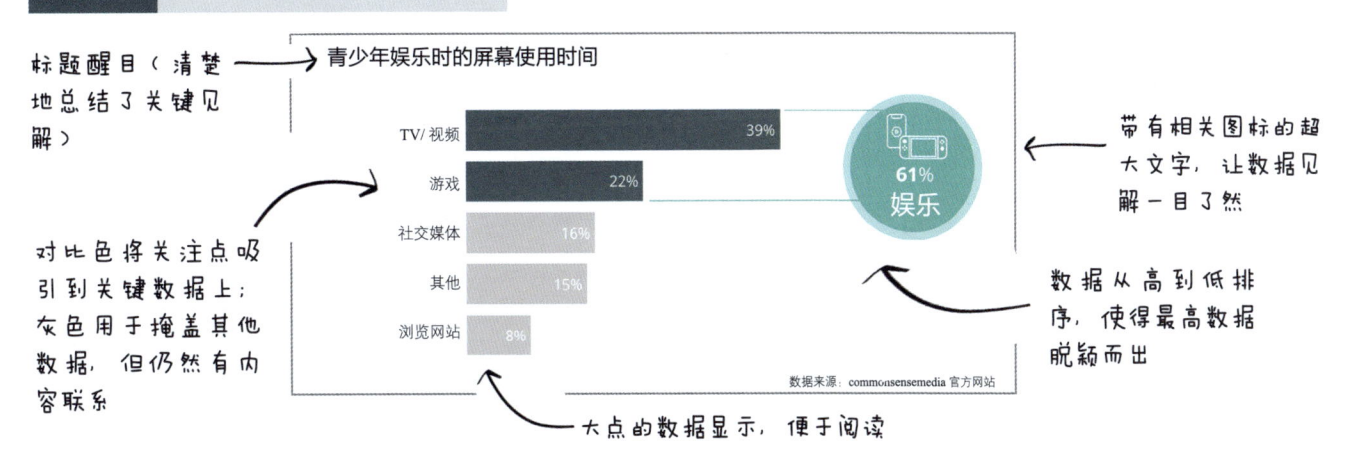

标题醒目（清楚地总结了关键见解）

青少年娱乐时的屏幕使用时间

- TV/视频 39%
- 游戏 22%
- 社交媒体 16%
- 其他 15%
- 浏览网站 8%

61% 娱乐

数据来源：commonsensemedia 官方网站

对比色将关注点吸引到关键数据上；灰色用于掩盖其他数据，但仍然有内容联系

带有相关图标的超大文字，让数据见解一目了然

数据从高到低排序，使得最高数据脱颖而出

大点的数据显示，便于阅读

087

票房收入最高的电影发行商

		电影数	总收入	市场份额
1	Walt Disney	571	$39,688,247,167	16.94%
2	Warner Bros.	802	$35,592,155,457	15.19%
3	Sony Pictures	728	$28,777,646,671	12.28%
4	Universal	511	$27,464,279,056	11.72%
5	20th Century Fox	519	$25,853,240,689	11.04%
6	Paramount Pictures	481	$24,231,319,306	10.34%
7	Lionsgate	415	$9,537,881,421	4.07%
8	New Line	207	$6,194,343,024	2.64%
9	Dreamworks SKG	77	$4,278,649,271	1.83%
10	Miramax	384	$3,835,978,908	1.64%

改造前 什么没有效果

票房收入最高的电影发行商

		电影数	总收入	市场份额
1	Walt Disney	571	$39,688,247,167	16.94%
2	Warner Bros.	802	$35,592,155,457	15.19%
3	Sony Pictures	728	$28,777,646,671	12.28%
4	Universal	511	$27,464,279,056	11.72%
5	20th Century Fox	519	$25,853,240,689	11.04%
6	Paramount Pictures	481	$24,231,319,306	10.34%
7	Lionsgate	415	$9,537,881,421	4.07%
8	New Line	207	$6,194,343,024	2.64%
9	Dreamworks SKG	77	$4,278,649,271	1.83%
10	Miramax	384	$3,835,978,908	1.64%

标题不完整（模糊）

不清楚从数据中得出的关键结论是什么（没有什么突出的）

缺少简化的数据使得价值很难被快速比较

第 9 章 将你的故事视觉化的 5 种行之有效的方法

前两大电影发行商占据了总市场份额的 1/3

发行商排名		电影数	总收入	市场份额
1	Walt Disney	571	$39.7B	16.9%
2	Warner Bros	802	$35.6B	15.2%
3	Sony Pictures	728	$28.8B	12.3%
4	Universal	511	$27.5B	11.7%
5	20th Century Fox	519	$25.9B	11.0%
6	Paramount Pictures	481	$24.2B	10.3%
7	Lionsgate	415	$9.5B	4.1%
8	New Line	207	$6.2B	2.6%
9	Dreamworks SKG	77	$4.3B	1.8%
10	Miramax	384	$3.8B	1.6%

32%

改造后 | **什么有效果**

标题醒目（清楚地总结了关键见解）

绿色的框线和文字将关注点吸引到关键数据上

前两大电影发行商占据了总市场份额的 1/3

发行商排名		电影数	总收入	市场份额
1	Walt Disney	571	$39.7B	16.9%
2	Warner Bros	802	$35.6B	15.2%
3	Sony Pictures	728	$28.8B	12.3%
4	Universal	511	$27.5B	11.7%
5	20th Century Fox	519	$25.9B	11.0%
6	Paramount Pictures	481	$24.2B	10.3%
7	Lionsgate	415	$9.5B	4.1%
8	New Line	207	$6.2B	2.6%
9	Dreamworks SKG	77	$4.3B	1.8%
10	Miramax	384	$3.8B	1.6%

32%

超大的文字使得数据见解清晰，且让人一目了然

保留了数据以供参考，但用灰色弱化

简化的数据便于比较

废物回收利用

- 75% 的废物是可回收利用的
  - 玻璃   - 轮胎
  - 纸   - 纺织品
  - 纸板   - 电池
  - 金属   - 电子产品
  - 塑料
- 回收塑料节能的能源是燃烧塑料的两倍

来源：rubicon 网站

改造前　什么没有效果

废物回收利用

- 75% 的废物是可回收利用的
  - 玻璃   - 轮胎
  - 纸   - 纺织品
  - 纸板   - 电池
  - 金属   - 电子产品
  - 塑料
- 回收塑料节能的能源是燃烧塑料的两倍

来源：rubicon 网站

标题不完整（模糊）

详细的清单分散了对关键信息的注意力，失去了影响力

随机放置的照片，感觉有点小且不重要

第 9 章 将你的故事视觉化的 5 种行之有效的方法

75%
的废物是可以
回收利用的

而且可以节省两
倍多能量

rubicon 网站

| 改造后 | 什么有效果 |

标题醒目（简
洁、具体、对
话式样证）

彩色形状内的
超大数据易于
被阅读

75%
的废物是可以
回收利用的

而且可以节省两
倍多能量

rubicon 网站

通过全屏的照片营
造一种刻意的"情
绪"，来锚定关键
的见解

091

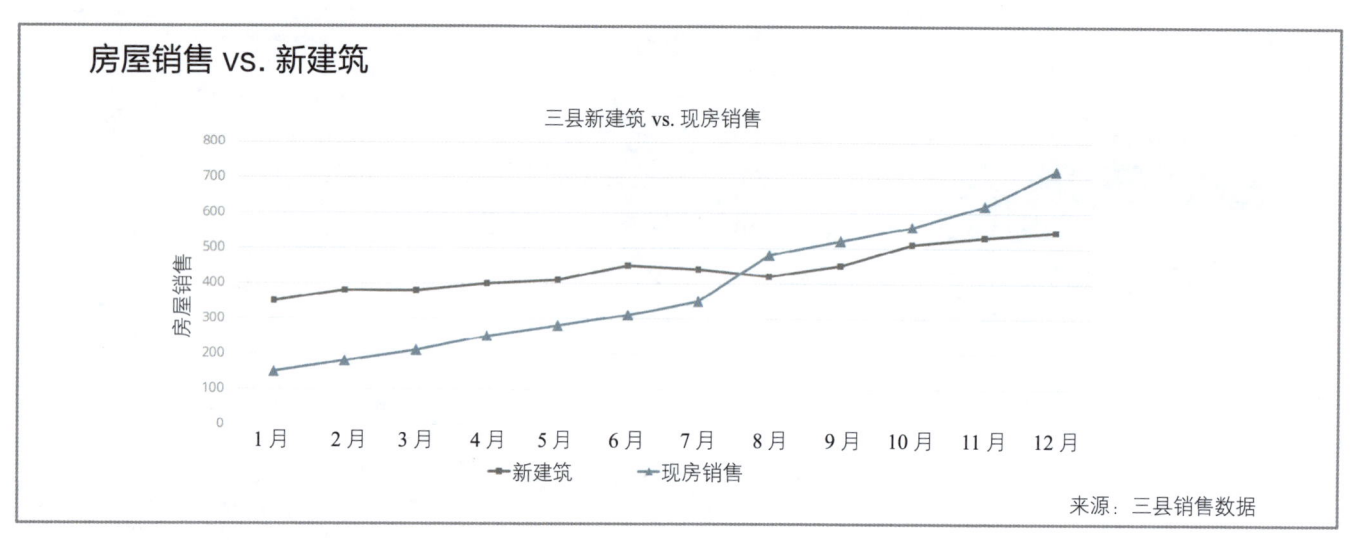

房屋销售 vs. 新建筑

三县新建筑 vs. 现房销售

来源：三县销售数据

改造前 什么没有效果

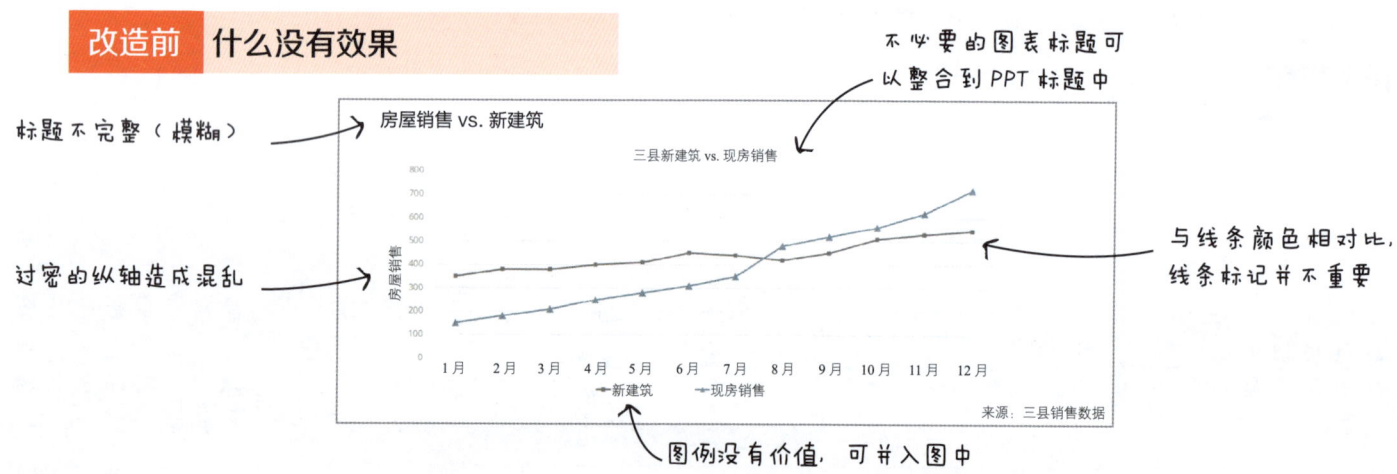

- 标题不完整（模糊）
- 过密的纵轴造成混乱
- 图例没有价值，可并入图中
- 不必要的图表标题可以整合到 PPT 标题中
- 与线条颜色相对比，线条标记并不重要

第 9 章 将你的故事视觉化的 5 种行之有效的方法

三县新建筑销售额创历史新高

（图表：1月—12月，新建筑 与 现房 销售趋势，6月左右新建筑销售超过现房销售）

来源：三县销售数据

改造后　什么有效果

- 标题醒目（清晰地总结了关键见解）
- 合在一起的图例更清晰
- 简化的纵轴数据减少了杂乱感
- 基本的形状和粗体的对比色进一步强化了关键见解
- 醒目的轴线便于阅读

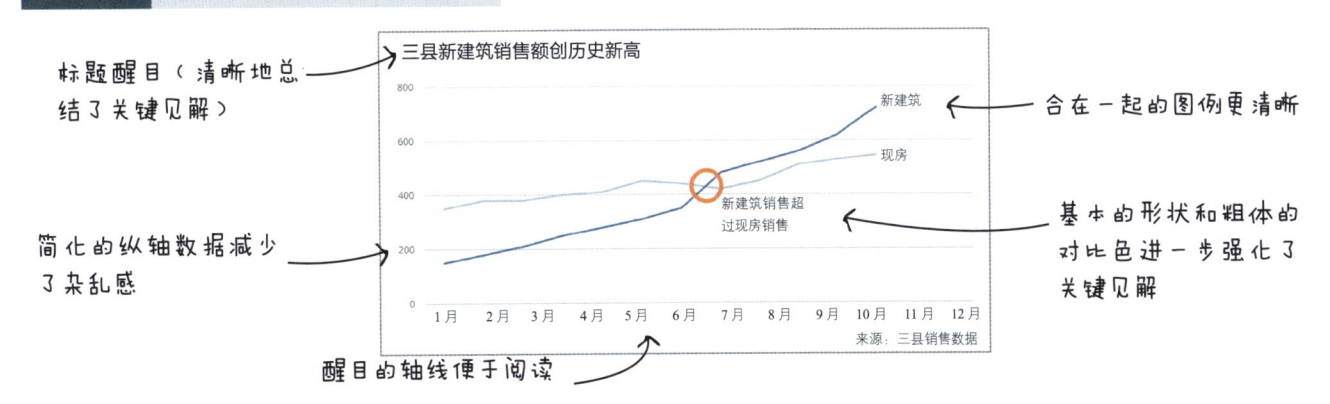

093

重点回顾
大字标题、你的好主意和有意识的视觉化

现在，你的工具包中有了强大的工具，包括醒目的大字标题、简洁的好主意和有意识的视觉化方法，它们将帮助你的故事从框架中涌现出来。

1

大字标题

PPT顶部（或一页纸，或电子邮件主题行）的标题很重要。醒目的大字标题使你最重要的想法高于一切。它们引导观众聚焦，帮助你控制你的叙述，并推动你的故事向前发展。

2

你的好主意是什么

你的好主意是一个简洁、具体和对话式的陈述，概括了你的故事的内容以及一些深层次的利益。它应该提供至关重要的见解，具有可操作性，并完全专注于你的受众的需求。每个事实、次要想法或数据都应该直接支持你的好主意。

3

5 种视觉化方法

巧妙的视觉化总是有策略的。通过修补有多个来源的、"漂亮"的、没有清晰叙述的 PPT 来避免陷入科学怪人™ 的陷阱。谨慎地使用简单、平衡且不过度重复的视觉化让你的故事栩栩如生。5 种久经考验的视觉化方法是使用照片、示意图、数据、文字和视频。

第 4 部分

见证奇迹——
讲故事是如何在日常业务中出现的

第 10 章
提出建议

你的口袋里现在装满了一个讲故事的框架和过程，用来映射你的想法、事实和数据。你已经获得了强大的工具，用于通过独立你的好主意来微调你的叙述精度，使用醒目的大字标题来推动你的故事向前发展。当然，还可以用久经考验的视觉化方法来点亮这一切。你现在可以看到所有这些成分是如何组合在一起创造奇迹的。

我们从你、你的老板、你的同事，或者基本上任何在这个星球上做生意的人面临的最常见的商业场景之一开始：提出建议。

先深入了解两家虚构的公司，它们面临着非常常见的问题。对于每个场景，你将看到同一组建议的两个不同版本——一个好，另一个坏。我们将指导你完成这两项工作：一是具体指出第 1 个版本中出现了哪些问题（它们都是常见的），二是第 2 个版本中哪些做法好。希望你结合前几章所学到的知识，能够完全理解其中的区别。

案例研究

急救中心……紧急问题

Harmony Health 是一家总部位于西雅图的医疗保健公司，拥有医院、急救中心、医生、药店、诊所和实验室服务网络。在 60 年中，它已扩展到西海岸的 3 个州，雇用了 8 500 名员工，拥有一个由几乎涵盖了每个医学专业的 1 500 名医生组成的网络。

Harmony Health 意识到美国年轻人经常接受上门医疗服务是一个机遇，所以目前正在制订一个增长计划，以建立他们的急救中心网络。但是它有很多竞争者。例如，新兴的零售模式的急救中心（如快速护理、速度医疗、Zoom 医生等）也渴望扩张。

此外，Harmony Health 还面临另一个可能更为严重的问题，急救中心患者对服务不满意，来自热门消费者评论网站的负面评论越来越多。它的领导团队非常关心这些评论，他们在访问后进行了进一步调查。令他们沮丧的是，许多患者说，他们不会再来这家急救中心或向其他人推荐这家急救中心。

由客户体验战略总监特蕾莎·尼尔森领导的一个小型的多部门团队正在处理这件事。她将向 Harmony Health 公司的领导团队传达为什么急救中心患者不高兴，并在他们考虑增加急救中心数量之前建议他们如何解决这些问题。

改造前 | 什么没有效果

01 急救中心计划
特蕾莎·尼尔森
客户体验战略总监
Harmony Health

02 更新
- 我们需要在短期内（通过"速胜"）和长期内进行改进，以建立五星级体验
- 技术需要发挥关键作用，帮助我们想象由创新驱动的一流体验
- 我们需要通过建立关系来改善访问体验，并让社区参与进来
- 与我们的竞争对手相比，Harmony Health UC 的在线评分较低
- 患者对我们的评论是负面的，很多评论者提到我们"肮脏"、"杂乱"和"糟糕"的候诊室是他们不愿意再来我们急救中心的关键因素
- 实地观察研究（如参观我们的设施）证实了这些评论的真实性

03 解决方案1：立即纠正
找出我们可以立即纠正的地方
- 新的洗手液、口罩分配器和指示牌站
- 把现有的垃圾桶换成自动的
- 更新饮水机
- 将等候区的清洁周期增加到每个小时两次

解决方案 & 冲突

07 急救中心数量及行业收入
约 9500 个急救中心 /160 亿美元的产业

08 客户体验 vs. 期望 vs. 行为
打电话／拜访他们的初级保健提供者 45%
去急救中心 29%
去急救室 17%

09 Harmony Health vs. 竞争对手
SpeedHealth Harmony Health QuickCare DrZoom WeCare
去年 / 今年

背景 & 人物

欢迎来到信息倾倒场

这就是……一个麻烦的故事，无助于销售它的建议。让我们来看看是什么错了。第一个问题是：故事开始于在受众知道为什么应该关心内容之前提出建议（解决方案）。解决方案所解决的冲突，很早就出现了，但被埋没了。当它再次出现在故事结尾时，已经太迟了。这个故事感觉像是一个没有问题的解决方案。

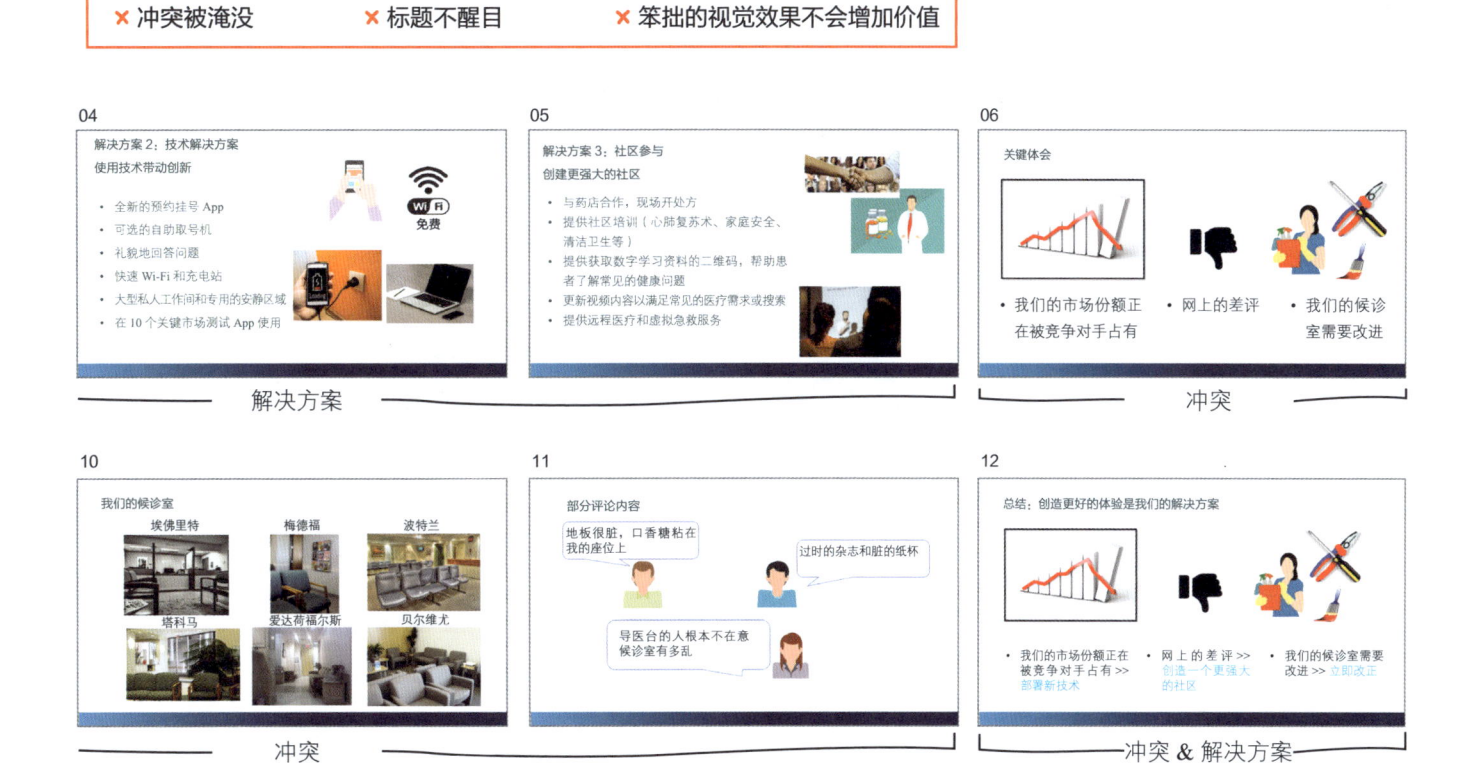

> ✗ 冲突被淹没　　✗ 标题不醒目　　✗ 笨拙的视觉效果不会增加价值

背景和人物也被埋没了，它们出现得太迟，无法建立故事的语境意义。叙述也缺乏一个好主意，用于说明故事是关于什么和决策者应该做什么的。模糊、不醒目的 PPT 标题不能推动故事向前发展。最后，视觉效果很业余，缺乏策略，不能增加故事魅力。我们分析后觉得这更像是一个思想垃圾场，而不是一个真实的故事。

| 改造前 | 什么没有效果 |

01

急救中心计划

特蕾莎·尼尔森
客户体验战略总监

Harmony Health

标题平淡无奇，不规范和醒目

02

更新

- 我们需要在短期内（通过"速胜"）和长期内进行改进，以建立五星级体验
- 技术需要发挥关键作用，帮助我们想象由创新驱动的一流体验
- 我们需要通过建立关系来改善访问体验，并让社区参与进来
- 与我们的竞争对手相比，Harmony Health UC 的在线评分较低
- 患者对我们的评论是负面的，很多评论者提到我们"肮脏"、"杂乱"和"糟糕"的候诊室是他们不愿再来我们急救中心的关键因素
- 实地观察研究（如参观我们的设施）证实了这些评论的真实性

标题平淡无奇，不规范和醒目

陈述从解决问题开始

冲突被掩盖了，并不能充分说明这个故事的原因

改造前 | 什么没有效果

03

有一个模糊的标题

解决方案 1：立即纠正
找出我们可以立即纠正的地方

- 新的洗手液、口罩分配器和指示牌站
- 把现有的垃圾桶换成自动的
- 更新饮水机
- 将等候区的清洁周期增加到每小时两次

笨拙的、随机的视觉选择没有提升故事魅力

在受众知道为什么他们应该关注之前，就揭示了如何做（解决方案）

04

模糊、僵硬的标题，错过了推进故事发展的机会

解决方案 2：技术解决方案
使用技术带动创新

- 全新的预约挂号 App
- 可选的自助取号机
- 礼貌地回答问题
- 快速 Wi-Fi 和充电站
- 大型私人工作间和专用的安静区域
- 在 10 个关键市场测试 App 使用

令人分心的视觉效果在样式和位置上不一致，没有增加故事价值

又在提供解决方案，但现在还为时过早

故事思维（视觉版）：借助视觉打造吸引人的故事

| 改造前 | 什么没有效果 |

05

解决方案 3：社区参与

创建更强大的社区

- 与药店合作，现场开处方
- 提供社区培训（心肺复苏术、家庭安全、清洁卫生等）
- 提供获取数字学习资料的二维码，帮助患者了解常见的健康问题
- 更新视频内容以满足常见的医疗需求或搜索
- 提供远程医疗和虚拟急救服务

模糊的标题

没有意义的视觉化，因为没有映射想法

没有背景的解决方案，为什么要有人关心呢

06

关键体会

- 我们的市场份额正在被竞争对手占有
- 网上的差评
- 我们的候诊室需要改进

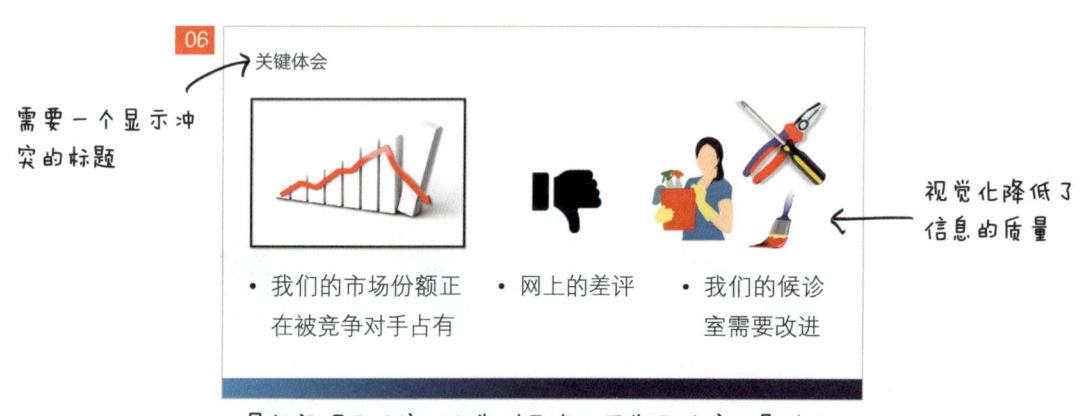

需要一个显示冲突的标题

视觉化降低了信息的质量

虽然阐明了冲突，但为时已晚，因为无法产生影响了

改造前　什么没有效果

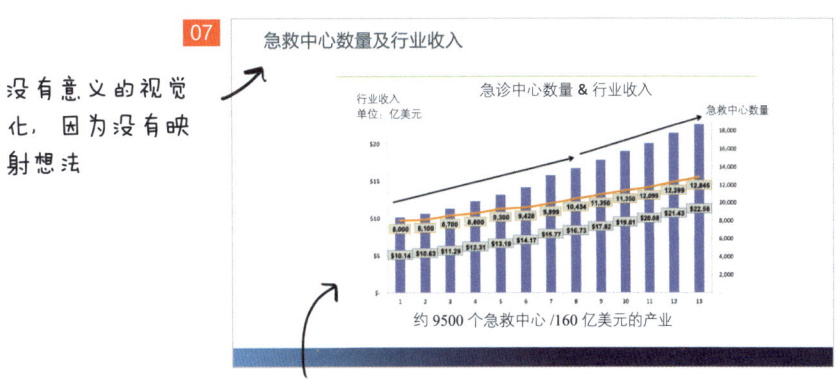

07 急救中心数量及行业收入

没有意义的视觉化，因为没有映射想法

约 9500 个急救中心 / 160 亿美元的产业

图表为故事提供了背景，但太晚出现了，没有价值

08 客户体验 vs. 期望 vs. 行为

打电话 / 拜访他们的初级保健提供者 45%
去急救中心 25%
去急救室 17%

虽然数据对建立背景和人物很有价值，但在故事的最后阶段已经失去了价值

复杂的图表很难被破译，要在很大程度上依赖于演讲者的拆解

改造前　什么没有效果

09 Harmony Health vs. 竞争对手 ← 标题模糊不清，没有告诉受众他们需要快速了解的是什么

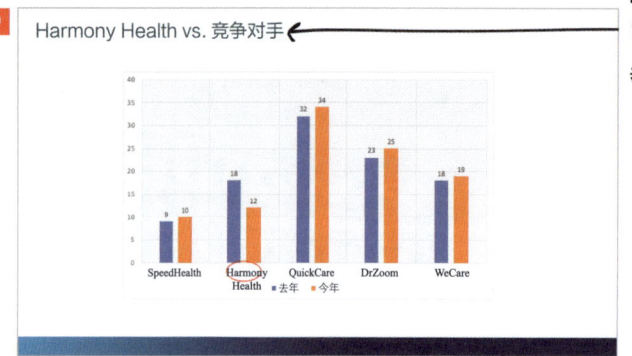

（柱状图：SpeedHealth 9/10，Harmony Health 18/12，QuickCare 32/34，DrZoom 23/25，WeCare 18/19；去年/今年）

虽然竞争对手=冲突，但这引入得太晚了，失去了价值

10 我们的候诊室 ← 标题打断了故事叙述，没有提供相关的见解

埃佛里特　梅德福　波特兰
塔科马　爱达荷福尔斯　贝尔维尤

↑ 视觉化样式参差不齐，难以让人看清，也无法为叙事增添其他内容 ↑

改造前　什么没有效果

11 部分评论内容

错过了连接评论和播放真实情况的机会

- 地板很脏，口香糖粘在我的座位上
- 过时的杂志和脏的纸杯
- 导医台的人根本不在意候诊室有多乱

3 个差评意味着冲突，但这个强有力的信息来得有点晚

12 总结：创造更好的体验是我们的解决方案

虽然标题包含了一个好主意，但是出现得有点晚

- 我们的市场份额正在被竞争对手占有 >> 部署新技术
- 网上的差评 >> 创造一个更强大的社区
- 我们的候诊室需要改进 >> 立即改正

视觉效果降低了信息的质量

好的商业故事不应该以更多的冲突结束，应该以一个好主意来结束

改造后　什么有效果

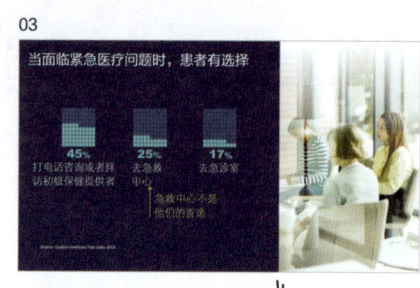

01 邀请患者重回急救中心　特蕾莎·尼尔森　客户体验战略总监　Harmony Health

02 虽然客户体验仍然是医疗保健领域的热门话题，但期望和满意度之间存在差距　82%的消费者相信医疗保健行业应该始终满足或者超过他们的期望　49%的消费者对医疗保健客户体验感到满意

03 当面临紧急医疗问题时，患者有选择　45% 打电话咨询或者拜访初级保健提供者　25% 去急救中心　17% 去急诊室　急救中心不是他们的首选

————背景 & 人物————

07 患者护理从设施护理开始　为了提供卓越的体验，我们需要创造一个吸引人的空间

08 我们如何把患者带回来　速胜　五星级体验　社区　实施行之有效的策略，可以立竿见影　想象一下由创新驱动的一流体验　建立促进和提升我们的社区评估的关系

09 实现速胜
- 把椅子放在一起，形成小的座位群
- 配置新的洗手液、口罩分配器和指示牌站
- 把现有的垃圾桶换成自动垃圾桶
- 提供更新的饮水机
- 增加候诊室的清洁次数到每小时两次

————好主意————　　————解决方案————

准备好阅读一个连贯的故事

一个真正的故事策略非常重要。例如，同样的建议在叙述中被重新配置和设计，以正确的顺序贯穿 4 个路标™。一般来说，清晰明了的"为什么"、"是什么"和"如何做"以一个背景、人物和冲突开始。之后，更多的冲突使紧张程度升级，但可以通过预览解决方案的每个推荐路径缓解紧张程度。（欲了解更多相关内容，请参见第 18 章。）

| √ 故事有一个清晰的"为什么" | √ 标题是醒目的 | √ 简单的视觉化营造情境 |

04 为什么不是他们的首选？因为令人不愉快的候诊室是患者不愿意回到急救中心的首要原因

- 令人不愉快的候诊室 29%
- 等待时间长 11% 近3倍
- 不友好/没有同情心的员工 9%
- 缺乏沟通 8%
- 因就诊而生病 9%

05 Harmony Health 在与其他急救中心的竞争中表现不佳

SpeedHealth / HarmonyHealth 19% / WeCare / DrZoom / QuickCare

06 更糟糕的是，我们看到越来越多的负面反馈

———————— 冲突 ————————

10 想象一下五星级的体验
- 全新的预约挂号 App
- 可选的自助取号机
- 礼貌地回答服务
- 快速 Wi-Fi 和充电站
- 大型私人工作间和专用的安静区域
- 试用：10 个主要市场的 App 服务试用

11 建立一个社区
- 与药店合作，现场开处方
- 提供社区培训（心肺复苏术、家庭安全、清洁卫生等）
- 提供获取数字学习资料的二维码，告知患者常见的健康问题
- 更新视频内容以满足常见的医疗需求和搜索
- 提供远程医疗和虚拟急救服务

12 不要让第一印象成为最终印象

Harmony Health

————— 解决方案 ————— ——— 好主意 ———

又是一个惊人的转变？一个强有力的好主意很早就被引入了，并在最后阶段重复出现。"是什么"（加上一个"利益"）告诉利益相关者他们需要知道什么和做什么。醒目的标题建立在一个又一个的基础上，尤其是在不断升级的冲突中，并带来解决方案。合适的照片结合每个路标使故事栩栩如生，并使人产生共鸣。

改造后 | 什么有效果

01 邀请患者重回急救中心

特蕾莎·尼尔森
客户体验战略总监

Harmony Health
Compassionate care for all

醒目的、信息量丰富的标题拉开了故事的序幕

02 虽然客户体验仍然是医疗保健领域的热门话题，但期望和满意度之间存在差距

82% 的消费者相信医疗保健行业应该始终满足或者超过他们的期望

49% 的消费者对医疗保健客户体验感到满意

标题是醒目的，并且清晰地提炼了关键见解

这个背景图片烘托气氛，但不分散受众对数据的关注度

故事以背景和人物为开端来构建内容

第 10 章 提出建议

| 改造后 | 什么有效果 |

这个标题建立在前一张PPT的基础上，推进故事的发展

黄色标注突出显示冲突

03 当面临紧急医疗问题时，患者有选择

45% 打电话咨询或者拜访初级保健提供者
25% 去急救中心
17% 去急诊室

急救中心不是他们的首选

Source: Qualtrix Healthcare Pain Index 2019

继续设置简单的照片，说明这个故事的"人物"

进一步用简洁的数据来设置背景和人物（超大的字号方便观看）

这个醒目的标题抓住了强有力的冲突和关键数据点

04 为什么不是他们的首选？因为令人不愉快的候诊室是患者不愿意回到急救中心的首要原因

令人不愉快的候诊室　29%
等待时间长　11%
不友好/没有同情心的员工　9%
缺乏沟通　8%
因就诊而生病　5%

近3倍

这里的冲突正在不断升级

111

| 改造后 | 什么有效果 |

05 Harmony Health 在与其他急救中心的竞争中表现不佳

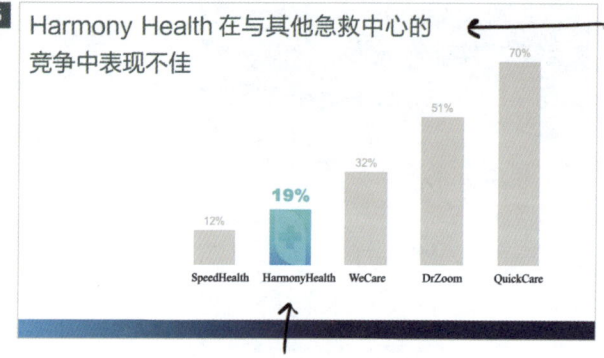

SpeedHealth 12%　HarmonyHealth 19%　WeCare 32%　DrZoom 51%　QuickCare 70%

冲突仍在升级，并很好地体现在了标题中

Harmony Health 的表现在这里用颜色和放大的数字完美地展示出来了

06 更糟糕的是，我们看到越来越多的负面反馈

"地板很脏，口香糖粘在我的座位上。"

"寻医台的人根本不在意候诊室有多乱。"

"候诊室给人的感觉是又脏又过时。"

"我进来的时候感觉很不舒服，出去的时候感觉更不舒服，因为候诊室很破旧，天知道我又染上了什么病菌。"

"候诊室的一切都没有让我想回来，当我可以去一切都现代化和舒服的 QuickCare 时，我就不会想回来了。"

转折的、程度加强的语言，如"让事情变得更糟"，会使冲突升级

文字密集的评论在视觉上处理得很好，如使用合适的行距和照片

改造后 | 什么有效果

07

患者护理从设施护理开始
为了提供卓越的体验，我们
需要创造一个吸引人的空间

↙ 好主意以"是什么"/"利益"的形式及时出现，
直接指出受众需要了解什么和做什么

08 我们如何把患者带回来

这个故事关于"是什么"↘
的标题是明确的

- **速胜**
  实施行之有效的策略，可以立竿见影

- **五星级体验**
  想象一下由创新驱动的一流体验

- **社区**
  建立促进和提升我们的社区评估的关系

← 这里预览了3个解决冲突的建议（放在不同的色块中）

| 改造后 | 什么有效果 |

09

速胜 / 五星级体验 / 社区

32%的人表示，只要有一次糟糕的体验，他们就会离开自己喜欢的品牌

虽然全国急诊的平均等待时间为21分钟，但是患者愿意在更舒适的环境中等待更长时间

实现速胜

- 把椅子放在一起，形成小的座位群
- 配置新的洗手液、口罩分配器和指示牌站
- 把现有的垃圾桶换成自动垃圾桶
- 提供更新的饮水机
- 增加候诊室的清洁次数到每小时两次

涂层隐藏方法使受众和故事讲述者确切地知道故事发展到哪里了，以及要往哪里发展

在这里，数据使人们回想起冲突，并为找到一个好解决方案提供了更多理由

10

速胜 / 五星级体验 / 社区

★★★★★

78%的医疗保健客户认为积极的体验会影响购买决定

20%的被占用的椅子上放着个人物品或饮料

想象一下五星级的体验

- 全新的预约挂号 App
- 可选的自助取号机
- 礼貌地回答服务
- 快速 Wi-Fi 和充电站
- 大型私人工作间和专用的安静区域
- 试用：10 个主要市场的 App 服务试用

用项目符号列出细节是很好的，一般建议不要超过 6 个

涂层隐藏与故事发展保持同步，提醒受众现在在哪里

第 10 章 提出建议

| 改造后 | 什么有效果 |

11

滤胞　五星级体验　**社区**

建立一个社区

- 与药店合作，现场开处方
- 提供社区培训（心肺复苏术、家庭安全、清洁卫生等）
- 提供获取数字学习资料的二维码，告知患者常见的健康问题
- 更新视频内容以满足常见的医疗需求和搜索
- 提供远程医疗和虚拟急救服务

1/5 的患者将他们的睡眠时间花在智能设备上搜索健康信息

30% 的患者如果没有得到及时的救治，就会离开医疗机构

额外的数据（少量使用）继续为每个解决方案提供更多的体验

12

不要让第一印象
成为最终印象

HarmonyHealth
Compassionate care for all

好主意以一个简单易记的片段有力地重复了一遍

没有什么比一个构思
不佳的故事更能让你意识到
拥有一个构思良好的
故事是多么令人舒畅

案例研究

需要帮助：飞行员

总部位于迈阿密的 Quantum 航空公司（以下简称 Quantum）在全球运营了 25 年。目前，该航空公司拥有近 13 500 名员工，飞机规模为 196 架。Quantum 有 238 条航线和 85 个目的地。尽管航空业发展起伏不定，但该公司仍打算在未来 10 年扩大规模，以满足乘客的预期增长。Quantum 的领导人试图增加航线数量和目的地，并对投资快速增长的亚洲市场特别感兴趣。

但该航空公司也关注着整个航空业普遍存在的一个风险因素——飞行员短缺。与许多竞争对手一样，他们也关心如何找到和雇用合格的飞行员，以使他们能够实现公司的增长目标。为了降低这种风险，该航空公司的领导团队已经征求了一些建议，以改进他们识别和雇用新人才的方式。

人力资源副总裁马尔科·巴斯克斯必须向 Quantum 领导团队提供 3 条建议，以便从不同角度解决飞行员短缺的问题。以下是他的最初演讲 PPT。

改造前　什么没有效果

01 未来成长计划　马尔科·巴斯克　人力资源新思路　QUANTUM AIRLINES

02
1. 候选人外联工作
- 制订导师计划，以确保新聘用的飞行员做好在 Quantum 工作的准备
- 实施新的筛选和选择流程，我们将在未来 6~12 个月内开发完成
- 通过培训和导师指导培养未来的潜在机长
- 推出自适应、数据驱动和定制化的新培训
- 实施新的能力差距和飞行员绩效评估方案

03
2. 瞄准女性飞行员
- 如今，女性约占全球商业航空公司飞行员的 5.4%
- 增加我们雇用的女性飞行员的数量
- 创造更有利于女性飞行员的时间表、文化和工作政策
- 制订外联和飞行训练赞助计划
- 通过 STEM 项目为女孩树立榜样，让她们尽早参与进来

解决方案

07 我们所提建议的理由

飞行员组成
- 在计划 2027 年飞行的飞行员中，有 50% 还没有开始训练
- 在美国，女性飞行员占飞行学员的 12%，呈现强劲的上升趋势
- 2003—2016 年，完成航空 / 商业 / 专业飞行员和机组人员学术课程的学生减少了 35%
- 完成商业航空课程和获得资格的飞行小时的平均花费是 12.5 万美元

08 未来 10 年需要的飞行员数量　15 万　需要满足需求的现任飞行员的备用人员数量　25.5 万　总计需要的飞行员数量　10.5 万　需替换的退休飞行员数量

未来 10 个区域所需的飞行员数量

09 未来 10 年 Quantum 所需的飞行员数量　3050　需要的飞行员数量　3840　总计需要的飞行员数量　790　需替换的退休飞行员数量

Quantum 近几年飞行员需求

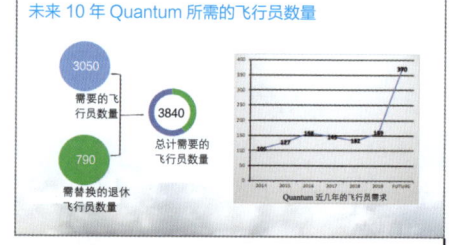

背景 & 人物

这个故事体现的不仅是飞行员短缺和激增

这个故事以一个解决方案开始。与关于 Harmony Health 的原有故事相类似，因为没有建立背景，所以没有"为什么"。冲突出现在故事的后面，但没清晰地体现这是一个外部问题——全球飞行员短缺。人物和背景几乎在最后才出现——在解决方案之后，所以没有体现信息的相关性。虽然包括了 4 个路标™，但顺序不对。

第 10 章 提出建议

> ✗ "为什么"出现得太晚了　　✗ 标题缺少关键见解　　✗ 数据过多掩盖了关键点

04

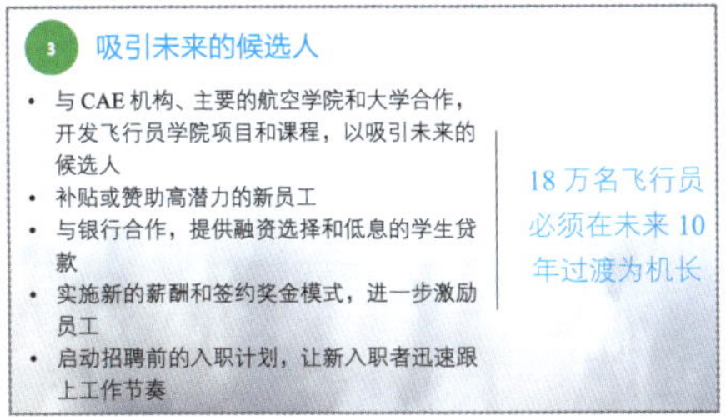

③ 吸引未来的候选人

- 与 CAE 机构、主要的航空学院和大学合作，开发飞行员学院项目和课程，以吸引未来的候选人
- 补贴或赞助高潜力的新员工
- 与银行合作，提供融资选择和低息的学生贷款
- 实施新的薪酬和签约奖金模式，进一步激励员工
- 启动招聘前的入职计划，让新入职者迅速跟上工作节奏

18 万名飞行员必须在未来 10 年过渡为机长

—— 解决方案 ——

05

你可能会问：
"为什么还需要这个？"

06

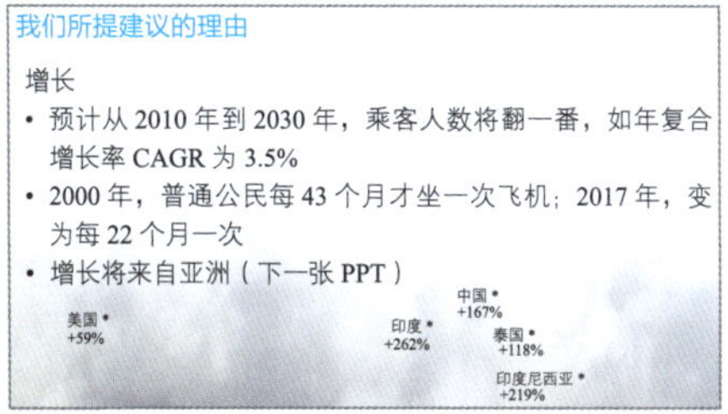

我们所提建议的理由

增长

- 预计从 2010 年到 2030 年，乘客人数将翻一番，如年复合增长率 CAGR 为 3.5%
- 2000 年，普通公民每 43 个月才坐一次飞机；2017 年，变为每 22 个月一次
- 增长将来自亚洲（下一张 PPT）

美国 +59%　中国 +167%　印度 +262%　泰国 +118%　印度尼西亚 +219%

—— 背景 & 人物 ——

10

回顾：我们三管齐下的增长计划

① 候选人外联工作
② 瞄准女性飞行员
③ 吸引未来的候选人

—— 解决方案 ——

11

Thank you!
谢谢大家！
Now let's get started on our future growth!
现在，让我们开始我们未来的增长！

改造前　什么没有效果

01

未来成长计划
马尔科·巴斯克
人力资源副总裁
QUANTUM AIRLINES

← 照片和航空业无关，除了云层

02

1　候选人外联工作

- 制订导师计划，以确保新聘用的飞行员做好在 Quantum 工作的准备
- 实施新的筛选和选择流程，我们将在未来 6~12 个月内开发完成
- 通过培训和导师指导培养未来的潜在机长
- 推出自适应、数据驱动和定制化的新培训
- 实施新的能力差距和飞行员绩效评估方案

← 标题没有任何真正的信息，只是一个清单标题

→ 信息用项目符合的形式堆积在一起，很难被浏览

← 故事从解决方案开始，在背景被建立之前，受众没有关心故事的理由

改造前　什么没有效果

03

模糊的标题，错过了传达真实见解的机会 →

② 瞄准女性飞行员

- 如今，女性约占全球商业航空公司飞行员的5.4%
- 增加我们雇用的女性飞行员的数量
- 创造更有利于女性飞行员的时间表、文化和工作政策
- 制订外联和飞行训练赞助计划
- 通过 STEM 项目为女孩树立榜样，让她们尽早参与进来

← 相关的数据并没有很好地为解决方案做好铺垫

04

③ 吸引未来的候选人

- 与 CAE 机构、主要的航空学院和大学合作，开发飞行员学院项目和课程，以吸引未来的候选人
- 补贴或赞助高潜力的新员工
- 与银行合作，提供融资选择和低息的学生贷款
- 实施新的薪酬和签约奖金模式，进一步激励员工
- 启动招聘前的入职计划，让新入职者迅速跟上工作节奏

18 万名飞行员必须在未来 10 年过渡为机长

← 这是一个很好的数据，但放错了地方，可以用于冲突升级

继续列出解决方案的细节，但没有明确原因

改造前　什么没有效果

05

你可能会问：
"为什么还需要这个？"

← 这是"为什么"的最后一步设置，但属于故事的早期阶段

06 我们所提建议的理由

增长
- 预计从 2010 年到 2030 年，乘客人数将翻一番，如年复合增长率 CAGR 为 3.5%
- 2000 年，普通公民每 43 个月才坐一次飞机；2017 年，变为每 22 个月一次
- 增长将来自亚洲（下一张 PPT）

美国* +59%
印度* +262%
中国* +167%
泰国* +118%
印度尼西亚* +219%

← 这个为即将出现的解决方案提供了很好的理由，但它应该出现在解决方案之前

通过背景和人物为数据建立了相关性，但此时出现得有点晚了 →

改造前　什么没有效果

07　我们所提建议的理由

飞行员组成
- 在计划 2027 年飞行的飞行员中，有 50% 还没有开始训练
- 在美国，女性飞行员占飞行学员的 12%，呈现强劲的上升趋势
- 2003—2016 年，完成航空/商业/专业飞行员和机组人员学术课程的学生减少了 35%
- 完成商业航空课程和获得资格的飞行小时的平均花费是 12.5 万美元

> 这个为即将出现的解决方案提供了很好的理由，但它也应该出现在解决方案之前

> 数据点都与不同的推荐相关联，因此打断了叙事流程

08　未来 10 年需要的飞行员数量

- 15 万　需要满足需求的现任飞行员的备用人员数量
- 25.5 万　总计需要的飞行员数量
- 10.5 万　需替换的退休飞行员数量

未来 10 个区域所需的飞行员数量

AMERICAS +85K new pilots　　EUROPE +50K new pilots　　MIDDLE EAST & AFRICA +30K new pilots　　ASIA-PACIFIC +90K new pilots

> 虽然标题包括潜在的冲突，但没有用制造紧张的语言来体现，就会平淡无奇

> 过多的标注数据会导致关键点丢失

> **改造前** 什么没有效果

09 未来 10 年 Quantum 所需的飞行员数量

- 3050 需要的飞行员，数量
- 3840 总计需要的飞行员数量
- 790 需替换的退休飞行员数量

Quantum 近几年的飞行员需求

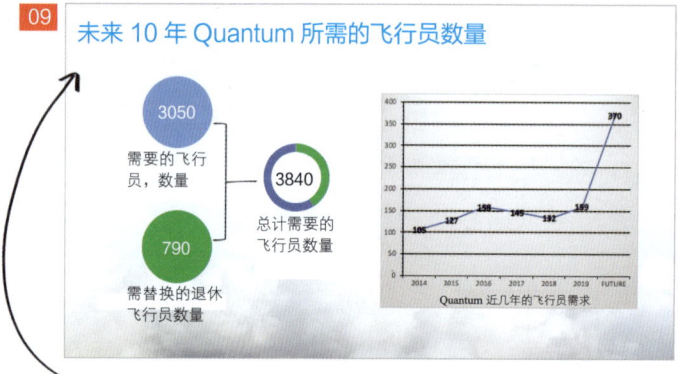

← 这个图表让人不好记和难以理解，失去了价值

"飞行员需求"仅是放在了标题的位置，但没有提供一个具体的要点

10 回顾：我们三管齐下的增长计划

1. 候选人外联工作
2. 瞄准女性飞行员
3. 吸引未来的候选人

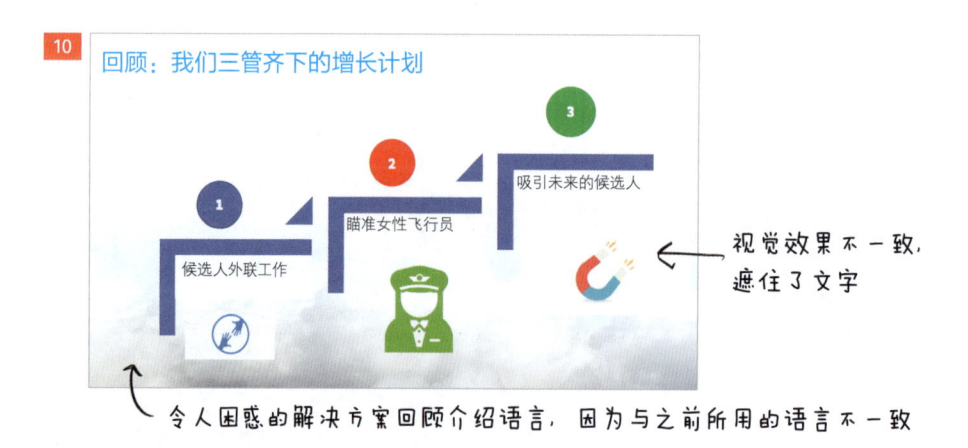

← 视觉效果不一致，遮住了文字

令人困惑的解决方案回顾介绍语言，因为与之前所用的语言不一致

改造前　什么没有效果

11

一张与航空公司更相关的照片可以更好地体现主题和氛围感

Thank you!
谢谢大家!
Now let's get started on our future growth!
现在，让我们开始我们未来的增长！

泛泛的行动呼吁使演讲者错失了重新概括一个真正的好主意的机会

改造后　什么有效果

01

[图片：Quantum Airlines 成长计划封面]

02

尽管最近面临全球挑战，但行业预测显示，乘客数量将在 2040 年翻一番

410 万（当今）　580 万（2030）　820 万（2040）

3.5% 年复合增长率 CAGR

Sources: IATA/TE

03

增长主要来自亚洲，其中印度的新乘客增长百分比最高

美国 +59%　中国 +167%　印度 +262%　泰国 +118%　印度尼西亚 +219%

——背景 & 人物——

07

我们赢得关键人才的计划

- 正确的人：根据层级和文化找到合适的候选人
- 下一阶段关注点：聚焦发展女性飞行员
- 渠道：找合作方寻找潜在人才

08

发现正确的人

正确的人　下一阶段　渠道

- 制订指导计划，确保飞行准备就绪
- 实施新的能力差距和绩效评估方案
- 启动自适应、数据驱动的、定制的培训
- 实施新的筛选和确认流程

50% 的计划 2023 年飞行的飞行员还没有开始培训

18 万名 飞行员必须在未来 10 年转为机长

来源：CAE 航空公司飞行员需求展望——10 年展望

09

下一阶段的增长

- 增加女性飞行员的招聘
- 制订女性飞行员培训赞助计划
- 激活对家庭友好的时间表和政策
- 通过 STEM 项目吸引女孩加入

全球商业航空公司的飞行员有 5.4% 是女性

飞行员学生有 12% 是女性，呈现出强劲的上升趋势

来源：联邦航空局，全球航空女性协会

——解决方案——

让路标井然有序，让奇迹发生

一个讲得很好的故事让人松了一口气。马尔科的这个版本非常正确，每个路标都以正确的顺序显示。他很早就设定了背景和人物：尽管最近面临全球挑战，但行业预测显示，乘客数量将在 10 年内翻一番，增长主要来自亚洲。然后，他介绍了一个明显的问题——全球飞行员短缺，并最终解决了这个问题——提供了一项人才招聘计划，以确保

第 10 章 提出建议

✗ 首先构建"为什么"   ✗ 有力的好主意   ✗ 关键数据展示

04 但飞行员短缺会让大家偏离航线

05 看下我们的 10 年计划，Quantum 每天需要 1 名新的飞行员，这是我们过去招聘力度的两倍

06 为了确保我们的未来发展，我们需要确保我们的飞行员数量

冲突   好主意

10 建立渠道
- 与主要航空教育机构合作，开发飞行学院项目
- 资助或赞助高潜力人才
- 实施新的薪酬模式
- 启动入职前培训计划

11 我们强有力的飞行员人才策略将确保我们不会落后

好主意

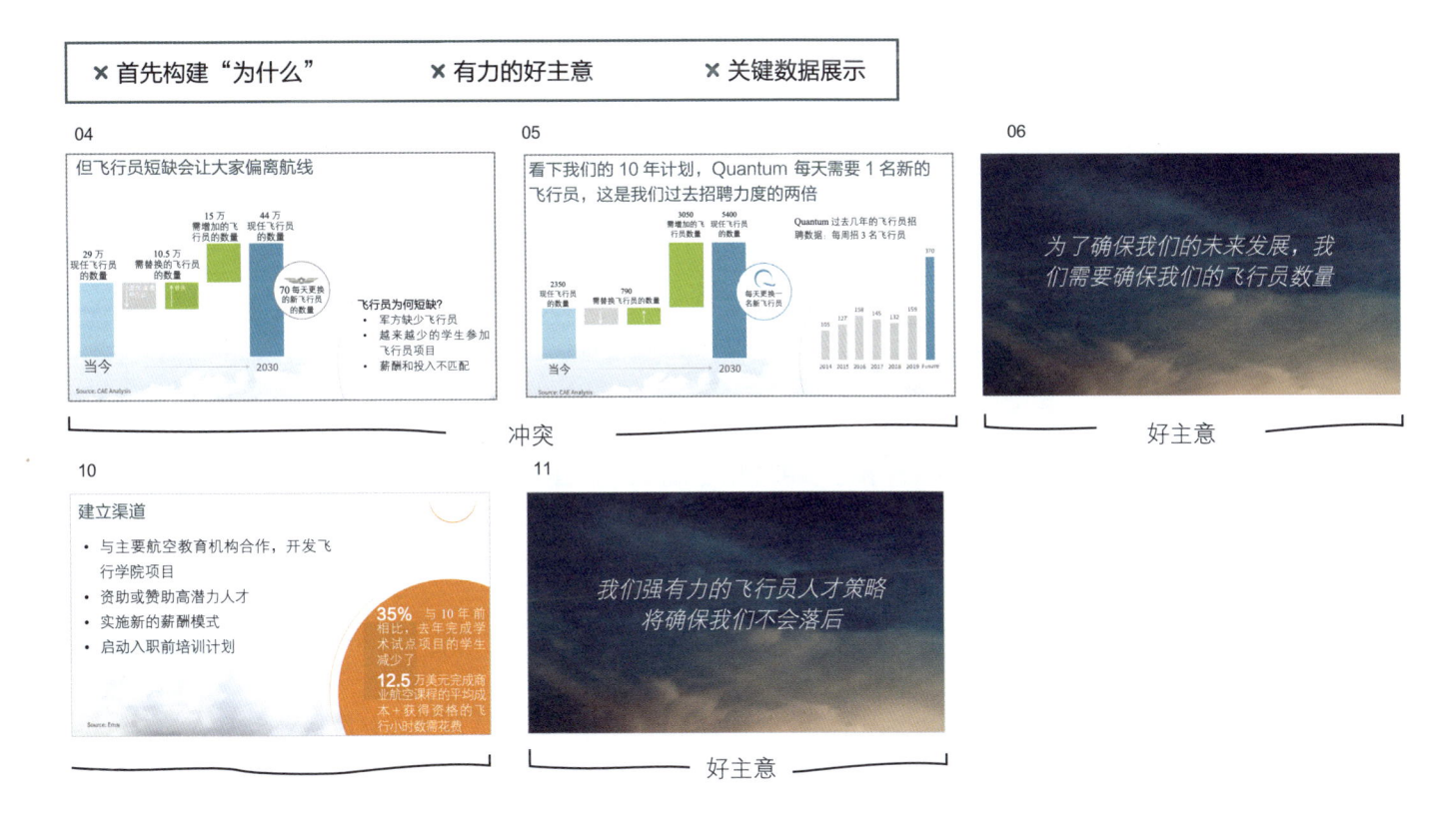

Quantum 不会落后。

    注意故事的路标是如何被精心挑选的数据所支撑和视觉化的。需要注意的是：虽然数据支持了他的故事，但从未超越或掩盖情节。

127

改造后 | 什么有效果

01

成长计划
QUANTUM AIRLINES
马尔科·巴斯克
人力资源副总裁

→ 照片是微妙的、适当的，并营造了氛围感

02 尽管最近面临全球挑战，但行业预测显示，乘客数量将在2040年翻一番

410万（当今）　580万（2030）　820万（2040）
3.5% 年复合增长率 CAGR
Sources: IATA/TE

→ 醒目的标题通过大跨度的市场增长率建立了故事背景

↑ 增长率一目了然，并且与标题遥相呼应

第 10 章 提出建议

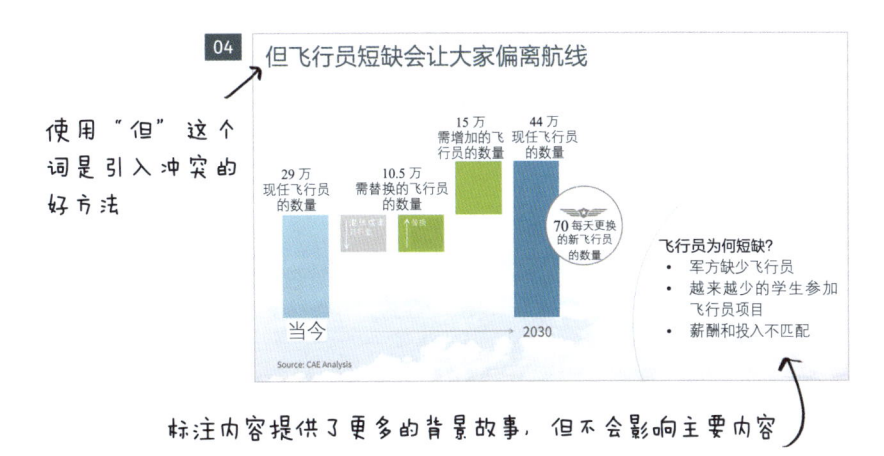

改造后	什么有效果

03 增长主要来自亚洲，其中印度的新乘客增长百分比最高

标题介绍了故事人物（乘客）并推进故事发展

美国 *
+59%

中国 *
+167%

印度 *
+262%

泰国 *
+118%

印度尼西亚 *
+219%

选择的数据支持了标题内容

04 但飞行员短缺会让大家偏离航线

使用"但"这个词是引入冲突的好方法

29 万
现任飞行员的数量

10.5 万
需替换的飞行员的数量

15 万
需增加的飞行员的数量

44 万
现任飞行员的数量

70 每天更换的新飞行员的数量

当今　　　　　　　　2030

Source: CAE Analysis

飞行员为何短缺？
- 军方缺少飞行员
- 越来越少的学生参加飞行员项目
- 薪酬和投入不匹配

标注内容提供了更多的背景故事，但不会影响主要内容

| 改造后 | 什么有效果 |

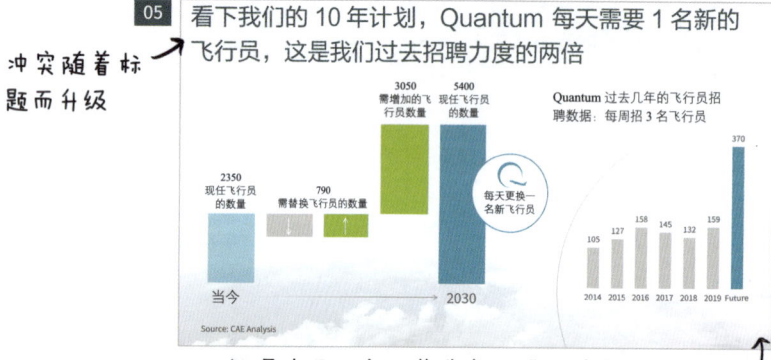

05 看下我们的 10 年计划，Quantum 每天需要 1 名新的飞行员，这是我们过去招聘力度的两倍

冲突随着标题而升级

数据体现冲突和营造紧张感，清楚地表明过去的招聘努力将无法支持未来的用人需求

06

为了确保我们的未来发展，我们需要确保我们的飞行员数量

好主意的出现可以缓解一些紧张，向受众展示他们将看到一个更光明的未来

改造后 | 什么有效果

07 我们赢得关键人才的计划

- 正确的人：根据层级和文化找到合适的候选人
- 下一阶段关注点：聚焦发展女性飞行员
- 渠道：找合作方寻找潜在人才

简单的页面让受众预览了3条解决冲突的路径

简单的背景视觉效果是合适的，没有分散受众对主要信息的关注力

08 发现正确的人（正确的人 下一阶段 渠道）

- 制订指导计划，确保飞行准备就绪
- 实施新的能力差距和绩效评估方案
- 启动自适应、数据驱动的、定制的培训
- 实施新的筛选和确认流程

50% 的计划2023年飞行的飞行员还没有开始训练

18万 名飞行员必须在未来10年转为机长

来源：CAE航空公司飞行员需求展望——10年展望

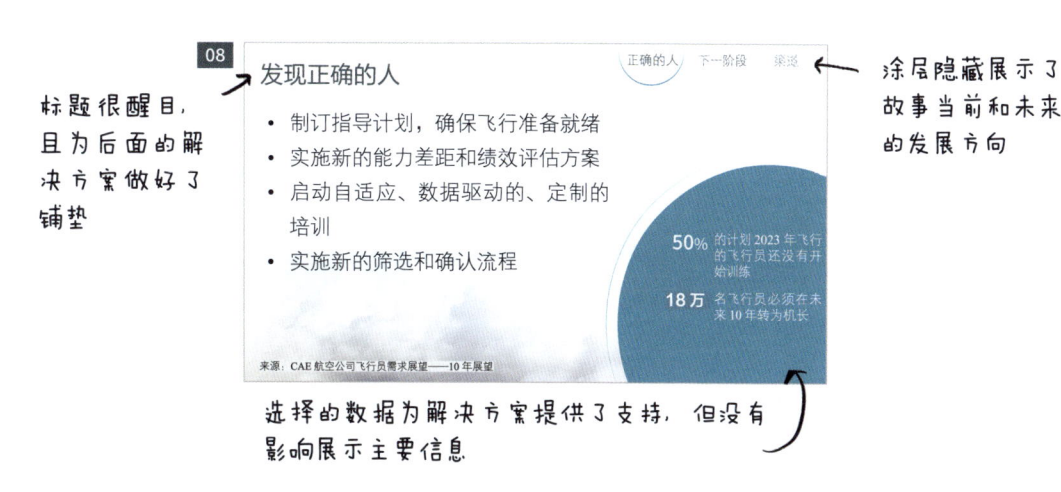

标题很醒目，且为后面的解决方案做好了铺垫

涂层隐藏展示了故事当前和未来的发展方向

选择的数据为解决方案提供了支持，但没有影响展示主要信息

131

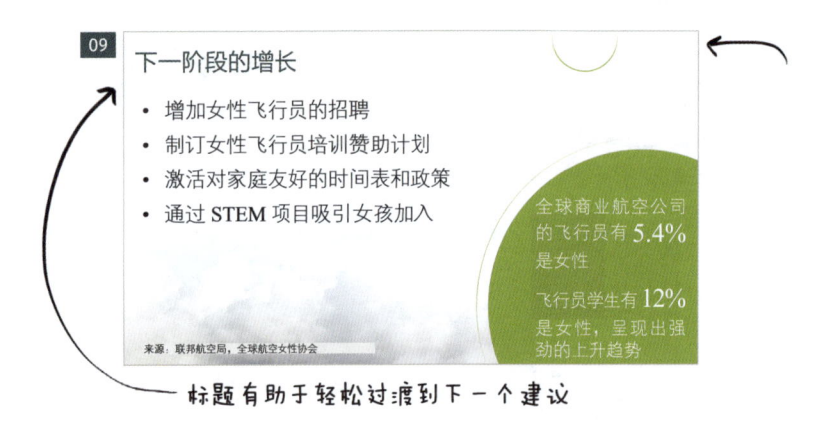

改造后 | 什么有效果

09 下一阶段的增长

- 增加女性飞行员的招聘
- 制订女性飞行员培训赞助计划
- 激活对家庭友好的时间表和政策
- 通过 STEM 项目吸引女孩加入

全球商业航空公司的飞行员有 **5.4%** 是女性

飞行员学生有 **12%** 是女性，呈现出强劲的上升趋势

来源：联邦航空局，全球航空女性协会

标题有助于轻松过渡到下一个建议

10 建立渠道

- 与主要航空教育机构合作，开发飞行学院项目
- 资助或赞助高潜力人才
- 实施新的薪酬模式
- 启动入职前培训计划

35% 与 10 年前相比，去年完成学术试点项目的学生减少了 **12.5 万美元** 完成商业航空课程的平均成本 + 获得资格的飞行小时数需花费

Source: Emsi

标注数据的补充，为解决方案提供了支持

项目符号的使用要适度，以避免信息量过度

| 改造后 | 什么有效果 |

> [11]
>
> *我们强有力的飞行员人才策略*
> *将确保我们不会落后*

重申的好主意强调了更新招聘策略的必要性

小结

给你的建议提供最好的机会

以上是两个常见的业务场景。这两个鲜明的例子说明：好的故事叙述可以提升建议的价值，糟糕的故事叙述只会降低建议的价值。无论你是想聘请更多的人才，希望改善客户体验，还是想解决其他类型的业务挑战，你难道不想给自己的想法提供最好的机会来影响决策者吗？

我们打赌你会（只需要确保有一个明确的"为什么"、"是什么"和"如何做"）。

第 11 章
汇报进展

"嘿，你的项目进展如何？"

在某个时候，每个人都被要求展示一个项目或计划的状态。许多人只是默认使用现有的模板，并在每个月或每个季度进行修改。很简单，对吧？遗憾的是，事实并非如此。随着几周和几个月的过去，这些模板会有一种变形和伸缩的趋势，以包含各种利益相关者不断增加的反馈。一开始只是简单的更新，但最终你会觉得你在试图驯服一头野兽。

当然，此时不是引入故事来传达最常规、最无趣的汇报的时候，对吗？

不。完全错了。

汇报进展是一个很好的机会，不仅可以战略性地插入一个故事，还可以证明你能够从内到外地沟通项目的健康状况。但是请注意，当汇报进展时，你的状态报告可能落入两个"阵营"之一。要么有冲突，要么没有冲突。每种类型的汇报都有重要的区别。

当你的汇报中有冲突时

当你的汇报中有冲突时，就可以推出完整的线性故事结构了。从背景和人物开始，汇报自上次汇报以来项目或计划中完成的工作。然后，通过确定影响（或可能影响）项目的一个或多个挑战来进入冲突，如延迟完成、预算短缺、资源限制、范围变化或有新的竞争。接下来，引入你的好主意以直接解决冲突。概述你的建议，然后列出建议的细节。这就是你的故事。（与第 10 章内容相似。）

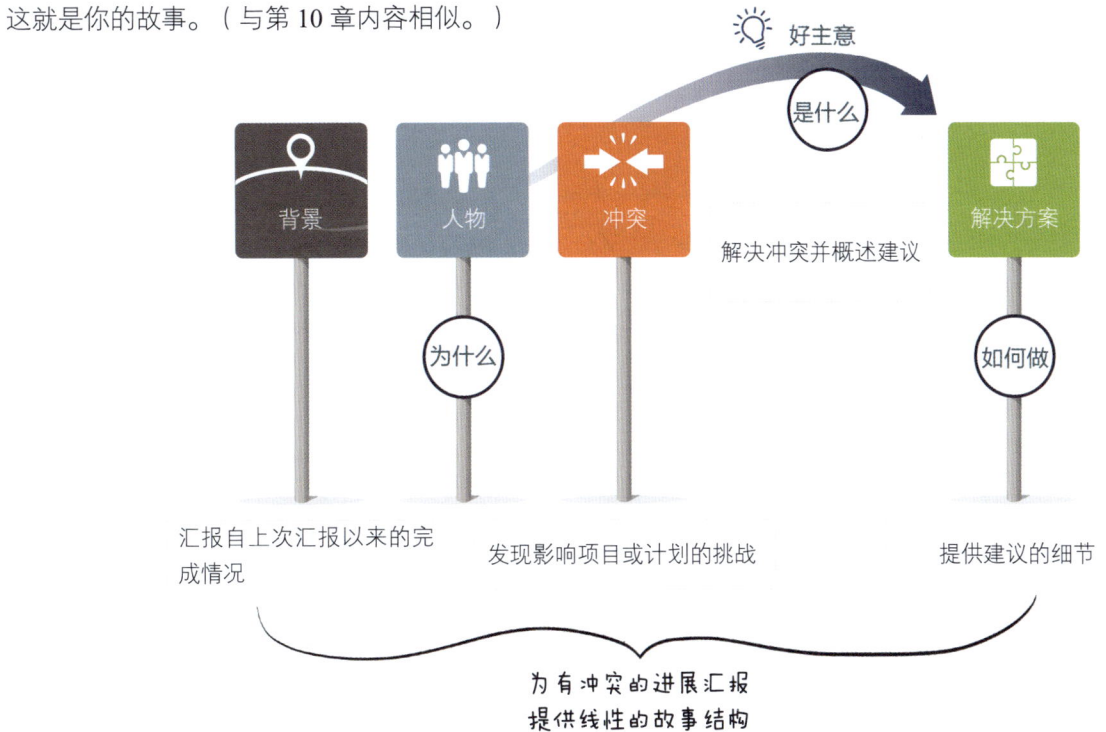

好主意
是什么
背景　人物　冲突　解决冲突并概述建议　解决方案
为什么　　　　　　　　　　　　如何做

汇报自上次汇报以来的完成情况　发现影响项目或计划的挑战　提供建议的细节

为有冲突的进展汇报
提供线性的故事结构

当你的汇报中没有冲突时

但是，如果你的项目进展顺利，没有冲突，怎么办？首先，恭喜你！如果真的没有现在（或未来）的顾虑，那么你只需要一些故事元素。你只需要建立背景和人物来传达你的团队在你的项目或计划中完成了什么。主要目标是证明一切正在按时按预算进行。你甚至可以挖掘出你最初的建议或提议，并将你的人物今天的情况与事情开始时的情况进行比较。你的好主意是一个简单的声音,基本上是说,"我们在轨道上"(它只包含一个"是什么",没有"利益")。既然没有冲突,就没有解决的必要——好主意本身就足够了。记住:无冲突汇报是战术性的。你可能甚至不需要召开一个真正的会议。也许你可以通过电子邮件或项目管理工具来传达项目正在按计划进行。毕竟,减少一次会议也没什么坏处!

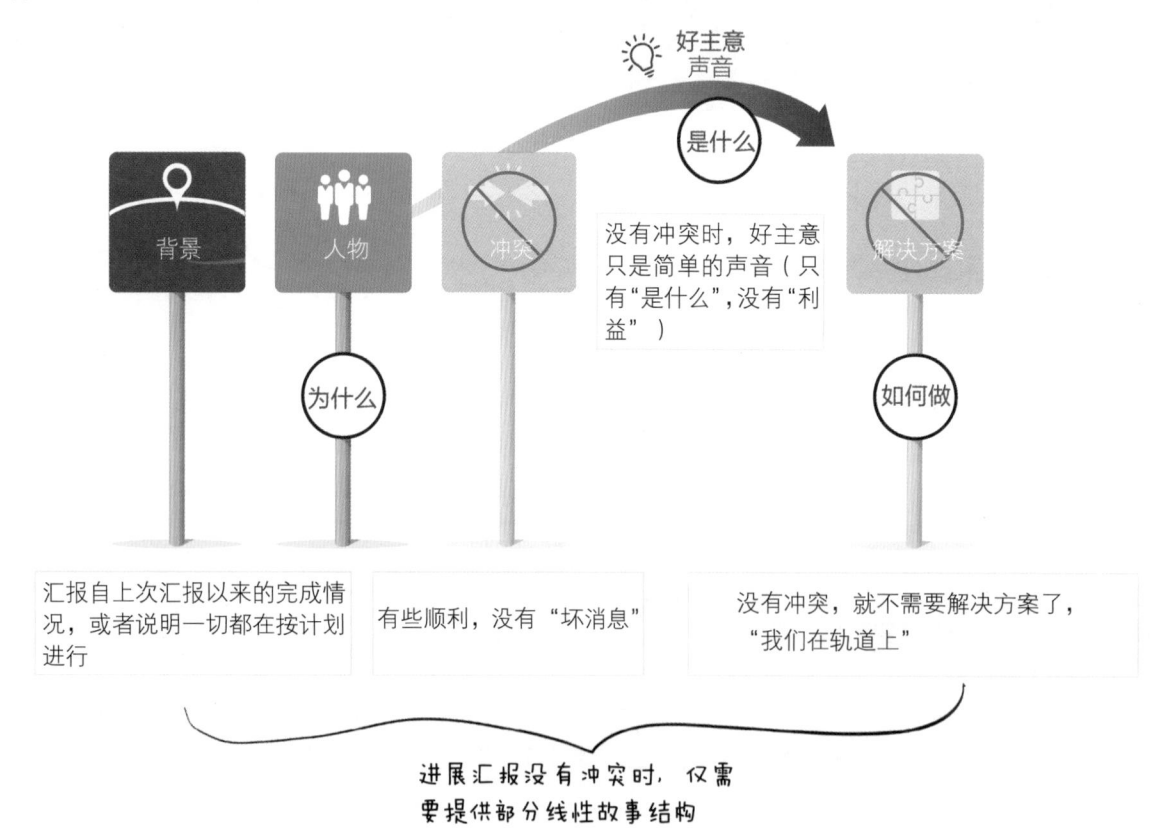

好主意
声音

是什么

背景　人物　冲突　没有冲突时,好主意只是简单的声音(只有"是什么",没有"利益")　解决方案

为什么　　　如何做

汇报自上次汇报以来的完成情况,或者说明一切都在按计划进行

有些顺利,没有"坏消息"

没有冲突,就不需要解决方案了,"我们在轨道上"

进展汇报没有冲突时,仅需要提供部分线性故事结构

无冲突汇报是战术性的，
只需离线提供状态汇报，
可以将受众（和你自己）
从会议中解救出来

但你确定没有冲突吗

我们不想让任何人变得偏执，但在你看不到冲突的地方，可能就有冲突。你真的想提供战术汇报吗？（因为没有冲突，就是这样。）还是想借此机会更有战略眼光？如果你这样做了，那就想尽一切办法去挖掘，去发现任何可能提升你在这个项目中的战略地位的问题。为了让你的挖掘更容易，以下有 3 种方法可以使你在汇报中发现冲突：依靠你自己，依靠一个值得信任的同事，或者依靠你的受众。

首先，从寻求拓宽你的个人视野开始。你能提供什么新的角度、见解或机会吗？相反，前方是否有任何潜在的陷阱或风险？

其次，找一个和你有不同经历的（聪明的）同事谈谈（如果他们熟悉你的项目或者在过去从事过类似的项目，那将是额外的收获），他们可能发现一个遗漏的冲突，也可能指出更广泛的机会。

最后，你可以向你的受众开放你对冲突的搜索。是的，你没看错。在你分享了你的背景和人物后，向你的受众开放对话，收集他们对任何可能成为"危险信号"的东西的看法。当然，这可能相当冒险——你最好先做好功课，但让受众参与进来会带来共同关注。你的受众会欣赏你对项目潜在风险的开放好奇心。如果通过这次对话出现了实际的冲突，准备好注意这个新的问题，并在下一次汇报中带着你的解决方案回到这个问题。

接下来看看如何使用一个真实的（实际上是虚构的）故事来构建一个有冲突的汇报。

案例研究

实现了强大的销售吗？其实不然

LearnForward 是一家教育技术公司，为大学、K-12 学校、政府机构、非营利组织，以及各种规模的企业提供软件即服务（SaaS）的服务。1300 所院校的 1000 多万名学生、教师、雇主和政府实体都依赖该平台。随着学术机构、政府机构和企业网络的日益壮大，LearnForward 的销售数字上升得也十分强劲。

但在销售数字中没有反映出的是，在第 1 季度，LearnForward 的大多数新客户的软件实施速度很慢，只有上一季度预期数量的一半投入使用。数据准确地显示了问题发生的地点和原因。大多数长期处于技术设置阶段的客户都是国际客户，尤其是澳大利亚和新西兰的客户。一些客户由于需要更高的数据安全性而无法实施，而另一些客户则希望获得额外的功能，还有一些客户则受到市场条件变化的影响实施缓慢。执行项目经理田中真纪子被要求更新执行团队。虽然销售业绩看起来不错是个好消息，但她还必须提醒团队注意严重的实施问题，并提供建议以加快这一进程。

| 改造前 | 什么没有效果 |

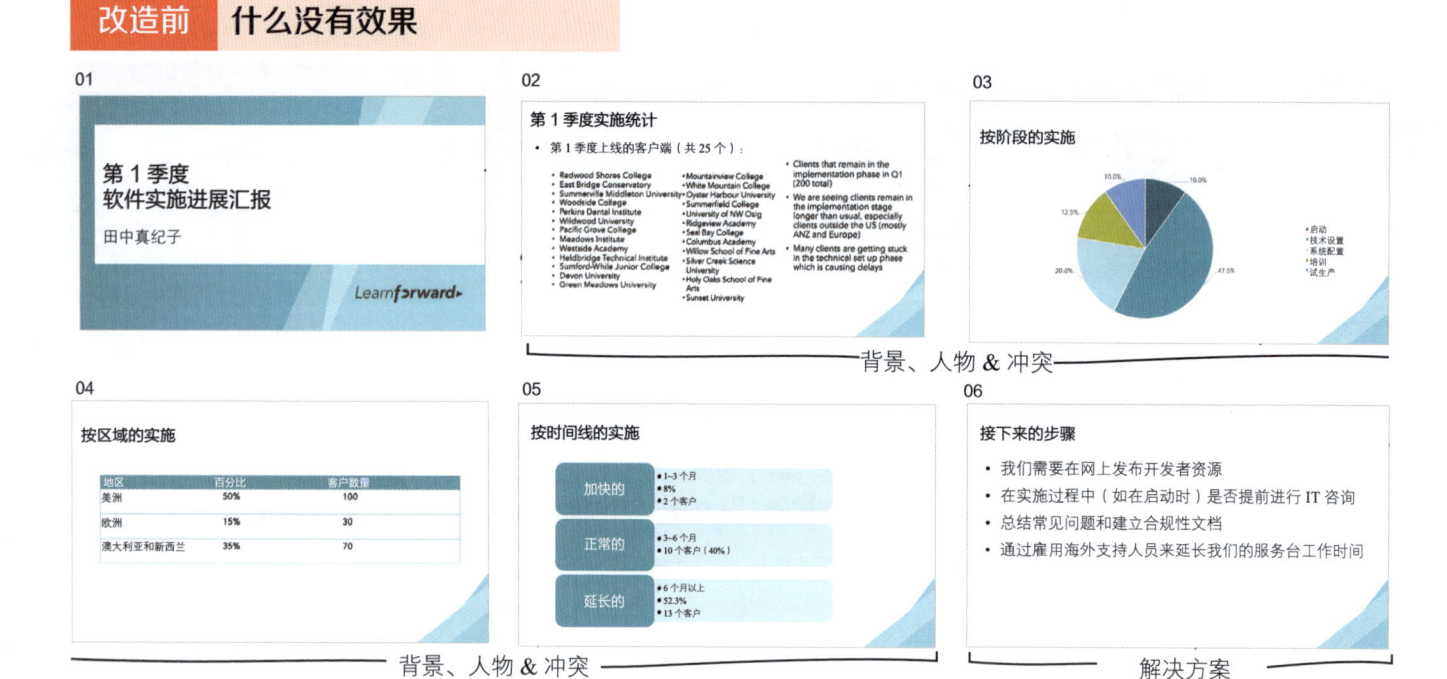

01 — 第 1 季度 软件实施进展汇报 — 田中真纪子

02 — 第 1 季度实施统计

03 — 按阶段的实施

—— 背景、人物 & 冲突 ——

04 — 按区域的实施

地区	百分比	客户数量
美洲	50%	100
欧洲	15%	30
澳大利亚和新西兰	35%	70

05 — 按时间线的实施
- 加快的：1–3 个月；8%；2 个客户
- 正常的：3–6 个月；10 个客户（40%）
- 延长的：6 个月以上；52.3%；13 个客户

06 — 接下来的步骤
- 我们需要在网上发布开发者资源
- 在实施过程中（如在启动时）是否提前进行 IT 咨询
- 总结常见问题和建立合规性文档
- 通过雇用海外支持人员来延长我们的服务台工作时间

—— 背景、人物 & 冲突 ——   —— 解决方案 ——

冲突被隐藏得很深

这份 LearnForward 的最新报告看起来像是一份常规的、没有冲突的报告，但是仔细观察，可以发现数据揭示了一些非常不同的东西。一个明显的冲突是显而易见的（如果你盯得够久的话）：50% 的新客户端实施都停滞不前。遗憾的是，这条消息被埋在文字和令人困惑的图表中。更多的数据按阶段、区域和时间线都揭示了这个问题。然而，无论是在图表上还是在标题上都错过了每一个指出这个冲突的机会。有句老话说："不要指着地毯上的斑点。"这句话的意思是说：这里不适用，要指向现场，不要在汇报中隐藏冲突。

第 11 章 汇报进展

> ✗ 没有好主意 ✗ 被动的标题 ✗ 淹没在数据中的冲突

01

第 1 季度
软件实施进展汇报

田中真纪子

Learn**f**orward▸

← 模糊的标题没有体现即将展示的有意义的信息

02 第 1 季度实施统计

- 第 1 季度上线的客户端（共 25 个）：

  - Redwood Shores College
  - East Bridge Conservatory
  - Summerville Middleton University
  - Woodside College
  - Perkins Dental Institute
  - Wildwood University
  - Pacific Grove College
  - Meadows Institute
  - Westside Academy
  - Heldbridge Technical Institute
  - Sumford-While Junior College
  - Devon University
  - Green Meadows University

  - Mountainview College
  - White Mountain College
  - Oyster Harbour University
  - Summerfield College
  - University of NW Osig
  - Ridgeview Academy
  - Seal Bay College
  - Columbus Academy
  - Willow School of Fine Arts
  - Silver Creek Science University
  - Holy Oaks School of Fine Arts
  - Sunset University

- Clients that remain in the implementation phase in Q1 (200 total)
- We are seeing clients remain in the implementation stage longer than usual, especially clients outside the US (mostly ANZ and Europe)
- Many clients are getting stuck in the technical set up phase which is causing delays

这张 PPT 没必要把每个客户端都展示出来

虽有冲突的迹象，但被淹没了

141

改造前　什么没有效果

03　按阶段的实施

这个标题忽略了一个重要的见解，即一半的客户在技术设置阶段停滞不前

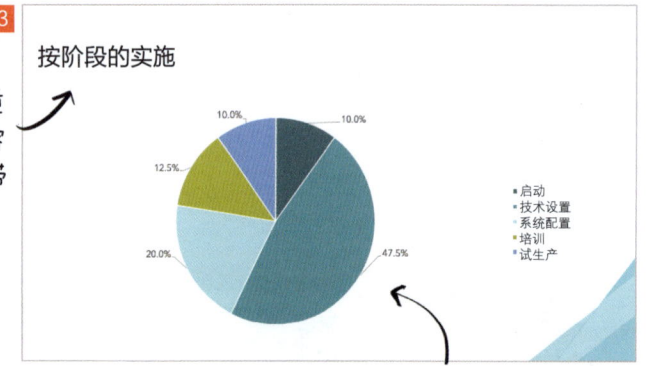

饼图图例：
- 启动 10.0%
- 技术设置 47.5%
- 系统配置 20.0%
- 培训 12.5%
- 试生产 10.0%

饼状图显示，50%的新客户在设置阶段停滞不前了，但没有任何解决措施

04　按区域的实施

地区	百分比	客户数量
美洲	50%	100
欧洲	15%	30
澳大利亚和新西兰	35%	70

这个不清晰的图表迫使受众自己找出数据

区域数据提供了更多关于实施问题发生地点的细节（澳大利亚和新西兰／欧洲）

第 11 章 汇报进展

改造前　什么没有效果

05

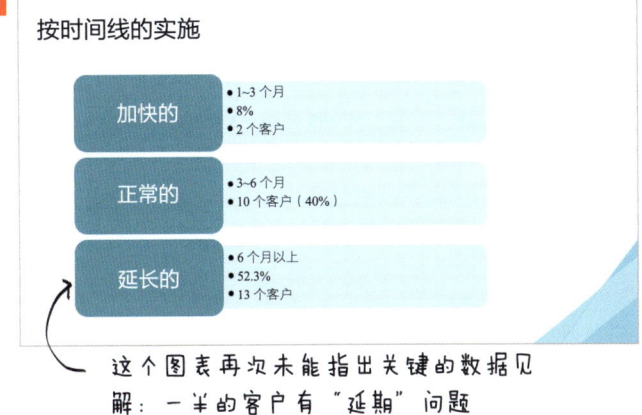

按时间线的实施

- 加快的
  - 1~3 个月
  - 8%
  - 2 个客户
- 正常的
  - 3~6 个月
  - 10 个客户（40%）
- 延长的
  - 6 个月以上
  - 52.3%
  - 13 个客户

> 这个图表再次未能指出关键的数据见解：一半的客户有"延期"问题

06

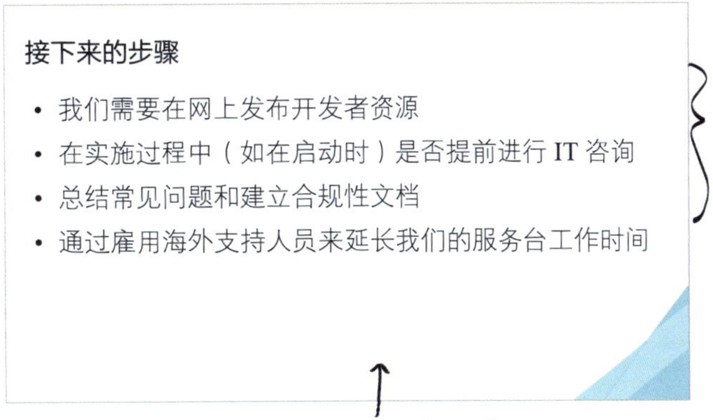

接下来的步骤

- 我们需要在网上发布开发者资源
- 在实施过程中（如在启动时）是否提前进行 IT 咨询
- 总结常见问题和建立合规性文档
- 通过雇用海外支持人员来延长我们的服务台工作时间

> 项目符号让人困惑，因为每项的叙述结构不一致

> 这个关于解决方案的 PPT 内容很模糊，没有与冲突明确地联系起来

改造后　什么有效果

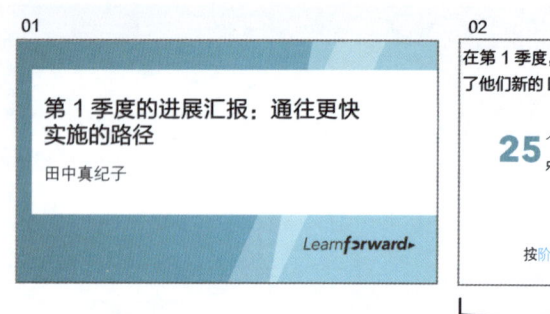

01

第 1 季度的进展汇报：通往更快实施的路径

田中真纪子

Learnforward

02

在第 1 季度，有 25 个客户端"上线"了，推出了他们新的 LearnForward 系统

25 个客户端"上线"　只有预期的一半

200 个客户端仍在实现中　略高于 2019 年第 4 季度的 185 个

按阶段、区域和时间线划分的情况发生了变化

03

提高数据安全性和功能性的要求正在拖延设置进度

启动	20 个客户	10%	由于对学生姓名、联系方式和学术细节的要求异常高
技术设置	95 个客户	47.5%	
系统配置	40 个客户	20%	由于混合式学习的要求异常高
培训	25 个客户	12.5%	
试生产	20 个客户	10%	

⎵ 背景 & 人物 ⎵　　⎵ 冲突 ⎵

07

我们通往更好实施的路径

- 发布
  在线发布开发人员资源
- 开始
  较早展开 IT 咨询（启动时）
- 构建
  构建 IT 指南，包含常见问题解答和合规性文件
- 延长
  通过雇用海外人员来延长服务台的工作时间

⎵ 解决方案 ⎵

08

被授权的客户将实施得更快

⎵ 好主意 ⎵

× 强有力的好主意　　× 顺序正确的路标　　× 仅包含关键数据

04　由于竞争对手在澳大利亚和新西兰的收购活动，我们的客户异常数特别高

05　因此，大多数客户的实施时间都超过了我们的首选时间

06　我们需要通过投资于实施，使我们的客户能够更快地完成实施

冲突　　好主意

发现冲突并解决它会让你成为英雄

以下这个 LearnForward 的进展汇报通过释放完整的线性故事结构来使你通过发现冲突并解决它而成为英雄。它始于背景、人物和 PPT 中的冲突提示：一半的新客户在预计的时间内上线，停滞不前的实施越来越糟糕。接着冲突升级，显示了为什么这些安装被停止：一些客户端需要更多的数据安全和额外的功能，另一些则受到不断变化的市场条件的影响。

之后引入了好主意：LearnForward 必须投资于更好的实现。这个故事深入到解决方案中，被整齐地分成 4 个视觉桶，然后通过回顾好主意来结束。这个汇报很快，很有用，而且非常彻底。这是决策者希望看到的。

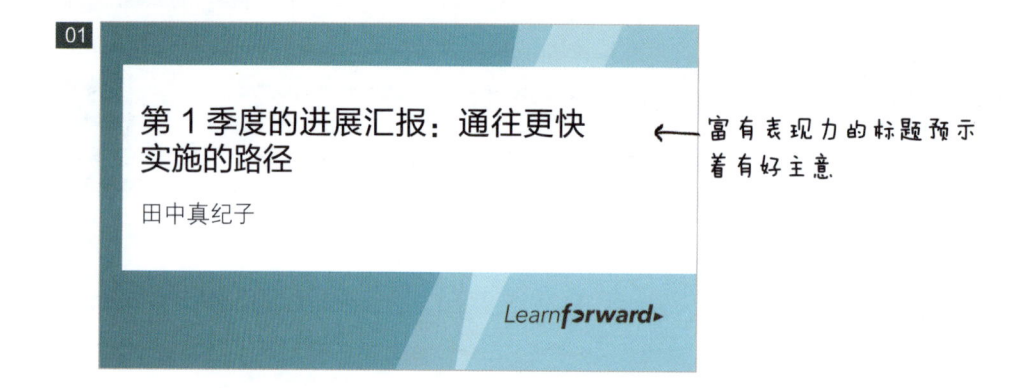

| 改造后 | 什么有效果 |

01

第 1 季度的进展汇报：通往更快实施的路径

田中真纪子

Learnforward▸

← 富有表现力的标题预示着有好主意。

02 在第 1 季度，有 25 个客户端"上线"了，推出了他们新的 LearnForward 系统

25 个客户端"上线"　**200** 个客户端仍在实现中

只有预期的一半　略高于 2019 年第 4 季度的 185 个

按阶段、区域和时间线划分的情况发生了变化

← 标题快速地帮助设置背景和人物

数据暗示着冲突，预示着下一个危机

改造后　什么有效果

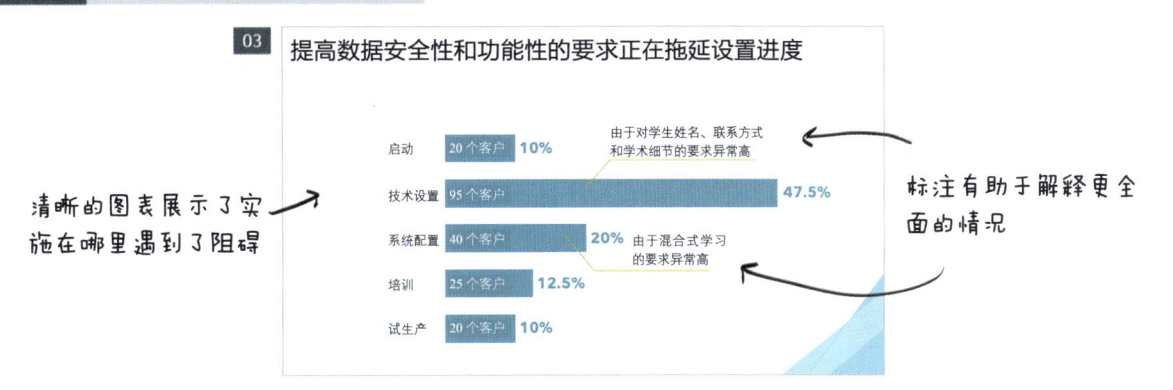

03 提高数据安全性和功能性的要求正在拖延设置进度

阶段	客户数	百分比	备注
启动	20 个客户	10%	由于对学生姓名、联系方式和学术细节的要求异常高
技术设置	95 个客户	47.5%	
系统配置	40 个客户	20%	由于混合式学习的要求异常高
培训	25 个客户	12.5%	
试生产	20 个客户	10%	

清晰的图表展示了实施在哪里遇到了阻碍

标注有助于解释更全面的情况

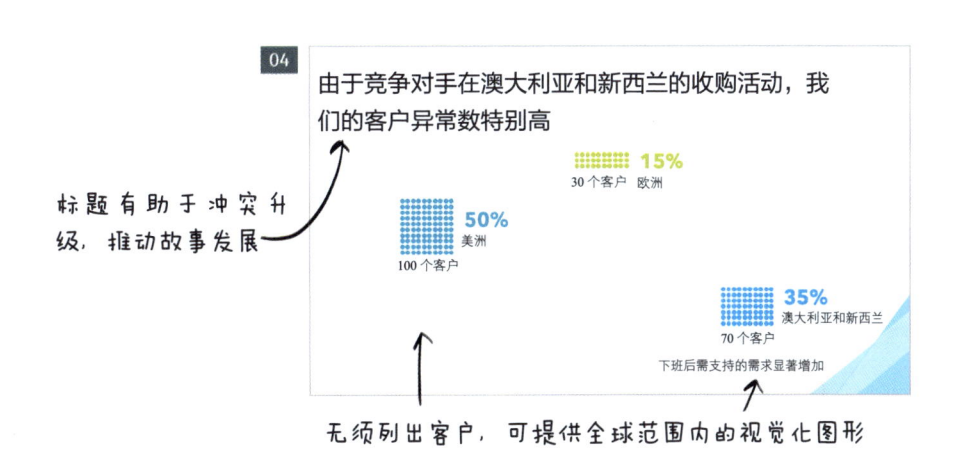

---

04 由于竞争对手在澳大利亚和新西兰的收购活动，我们的客户异常数特别高

- 美洲：50%　100 个客户
- 欧洲：15%　30 个客户
- 澳大利亚和新西兰：35%　70 个客户　下班后需支持的需求显著增加

标题有助于冲突升级，推动故事发展

无须列出客户，可提供全球范围内的视觉化图形

改造后　什么有效果

05 因此，大多数客户的实施时间都超过了我们的首选时间

标题将冲突联系在一起，进一步推进故事发展

| Month | 1 | 2 | 3 | 4 | 5 | 6 |

1~3 个月（加快的） •• **8%**　2 个客户

3~6 个月（正常的） ••••• **40%**　10 个客户

6 个月以上（延长的） ••••• **52%**　13 个客户

清晰的图表显示支持标题的数据

06 我们需要通过投资于实施，使我们的客户能够更快地完成实施

好主意通过一个包含"利益"和"是什么"的陈述紧跟在冲突之后

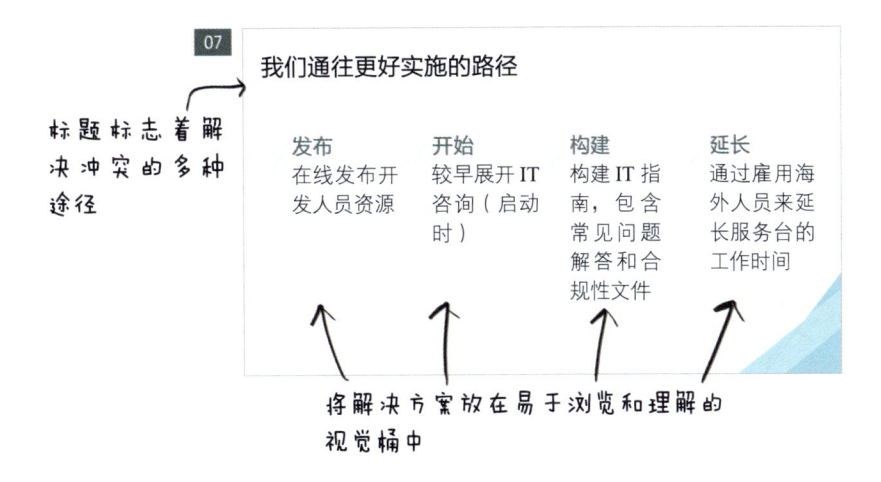

改造后 | 什么有效果

07

我们通往更好实施的路径

发布
在线发布开发人员资源

开始
较早展开 IT 咨询（启动时）

构建
构建 IT 指南，包含常见问题解答和合规性文件

延长
通过雇用海外人员来延长服务台的工作时间

标题标志着解决冲突的多种途径

将解决方案放在易于浏览和理解的视觉桶中

08

被授权的客户将实施得更快

好主意被重复展示

成为
进展汇报英雄

小结

不要回避冲突

像建议一样，包含冲突的进展汇报应该让受众了解故事的"为什么"、"是什么"和"如何做"，包括所有 4 个路标™和 1 个好主意。无冲突的进展汇报应该缩小范围，只包含前两个背景和人物路标，并提供简单的性能度量单位。但是不要忽略：很少有项目、产品发布、咨询任务等进展得很顺利。如果你想提升你在项目上的价值以及你的职业生涯，那么从战略上思考，努力寻找任何潜伏在角落的问题，并始终努力寻找新的机会。

不要只是打钩，要做一个进展汇报英雄。

第 12 章
撰写电子邮件

我们都曾被忽视。每个人都曾小心翼翼地写过一封有高期待的电子邮件，但得到的是……打击。这并不奇怪。普通的全职工作者每天会收到 120 封邮件，并且花了将近 1/3 的时间（或者晚上的一部分时间）阅读和回复邮件。而对于高管来说，他们基本上是不间断的决策机器，他们所花的时间更多。我们已经花了很多年来研究如何抓住这些忙碌的决策者的注意力，有一件事是绝对清楚的：如果你不能消除噪声，你的声音就没有机会被听到。

令人惊讶的是，作为业务的一个重要组成部分，很少有人教我们如何发送引人注目的电子邮件。因此，让我们来教你如何消除噪声，你猜对了，归根结底就是讲商业故事。

每封电子邮件都是一个讲故事的机会

我们与世界上一些最大、发展最快的品牌合作。和其他人一样，我们偶尔也会因为被忽视的电子邮件而被蒙在鼓里。这感觉不是很好。我们也收到过成千上万封让我们困惑、不知所措，甚至恼火的电子邮件。很明显，有很多电子邮件正在浪费我们的精力。我们对此越来越好奇，我们开始认真观察自己与客户和合作伙伴的互动，以发现哪些内容得到了快速回应，哪些内容被搁置……

我们发现了两件事。首先，沟通的标准是非常高的。换句话说，人们的期望是，每封高期待的电子邮件都是彻底的、战略性的，并且是为行动而设计的。没有蜻蜓点水式的，没有穿插的半句话。（也许你认为这让你看起来很忙，但事实上，这给你的想法的有效性带来了额外的问题。）

其次，得到回复的电子邮件精简，没有噪声，但是（这是一个大转折）它们不一定超级短。我们观察到，以正确的顺序和详细程度提供更多的信息比几行缩写更好（你永远不想提出比你回答的更多的问题！）。

并非每封电子邮件都需要是一个完美的故事，但很明显，好的电子邮件展示了相同的线性故事结构（像任何演示或会议），其中包括一个容易辨别的"为什么"、"是什么"和"如何做"。以下来看看来自你熟悉的两家公司 Harmony Health 和 Quantum 的电子邮件。这两家公司在前面章节出现过，如果你想了解更多它们的背景资料，请参考第 10 章。

案例研究

一封被忽视的电子邮件

你可能还记得，Harmony Health 有一个急救中心，希望在一个拥挤的市场上扩张。遗憾的是，他们通过预约后的调查和消费者网站的评论发现，患者对他们的医疗设施和环境，尤其候诊室的环境不满意。客户体验战略总监特蕾莎·尼尔森正准备与她的领导团队召开一次会议来解决这个问题。为了给这次与老板们的会议收集重要的信息，她希望从她的同事那里收集见解，这将有助于推动她的建议，以改善候诊室的体验。以下是同一封邮件的两个不同版本。

改造前 　什么没有效果

模糊的主题会错过阐述好主意的机会

会议准备

特蕾莎·尼尔森
To 客户体验团队

Reply　Reply All　Forward
Wednesday, March 20, 12:52 PM

Hi，大家好。

我正在为下周的会议做准备，我希望你们能就急救中心相关文件的"速胜"部分提供建议。

我附上这份文件的链接。你们可以尽快审阅这份文件，并提供有用的反馈吗？我想确保我们的文件是全面的和切中要害的。我会采纳你们的建议，并根据需要做调整。

感谢你们所有人对我们提出的建议的反馈和投入！

祝好

特蕾莎

特蕾莎·尼尔森
客户体验战略总监

HarmonyHealth
Compassionate care for all

会议背景缺失，让收件人疑惑：他们为什么要收到邮件

解决方案尚不清楚，没有具体细节

✗ 没有建立背景　　✗ 主题模糊　　✗ 解决方案不清楚

这封电子邮件完全错过了讲故事的机会。在这封电子邮件中完全没有明确的"为什么"、"是什么"和"如何做",没有路标,没有什么好主意。虽然特蕾莎可能认为她简短、简洁的电子邮件会让她的同事更容易阅读和理解她要求他们做的事情,但实际上这让事情变得更加困难和混乱。

首先,主题完全是被动的:会议准备。当收件人收到这封电子邮件时,他们无法分辨发件人指的是哪个会议,谁需要做准备。这个模糊的主题没有提供重要的信息,请求被忽略。由于主题是介绍故事好主意的机会(告诉接收者你想让他们知道或做什么),所以这个主题设置是一个大失败。浏览这个主题,特蕾莎的同事肯定会对他们被要求查看的内容感到困惑。

继续看邮件正文,遗憾的是,讲故事的4个路标™都不见了。先来看看这封电子邮件的"为什么"和"背景",这会使收件人知道他们"为什么"会收到这封电子邮件:我正在为下周的会议做准备,我希望你们能就急救中心相关文件中的"速胜"部分提供建议。

然而,此时收件人可能会想:什么即将到来的会议?谁参加那个会议?会议的目标是什么?很多时候,一封电子邮件的背景是口头传达的,但是如果后续的电子邮件没有重新建立背景,总是会留下很多混乱。特蕾莎应该让她的同事了解故事背景和人物的最新情况。

当然,特蕾莎在这里也忽略了冲突。她实际上并没有说明试图解决什么问题。她假设每个收件人都意识到了问题的紧迫性(如果他们能弄清楚是什么问题),并且希望将其放在他们"立即回复"的文件夹中。

最后,至关重要的是,没有解决方案。特蕾莎的询问没有任何具体细节。她在寻求同事的反馈,但是什么样的反馈呢?没有一个明确的冲突和好主意,这使收件人几乎不可能理解她在寻找什么。她也没有为这个请求提供截止日期或真正的行动号召,而这将使这封简短、简洁的电子邮件被遗忘。

改造后　什么有效果

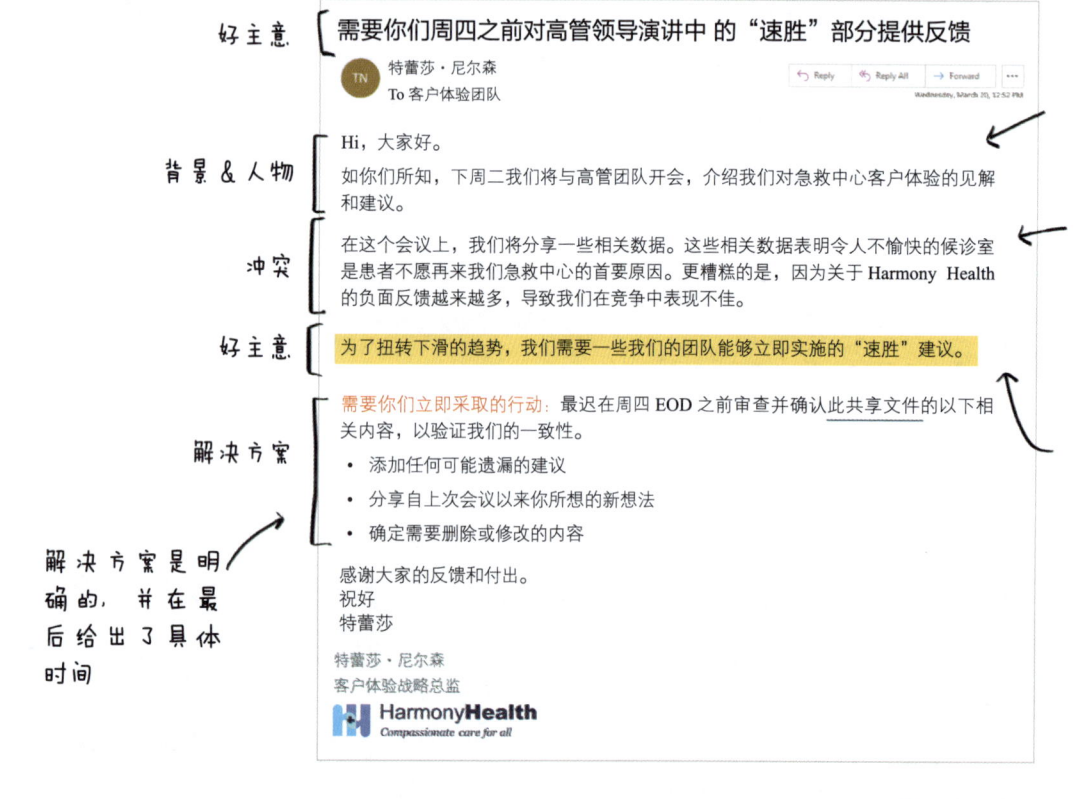

好主意 → 需要你们周四之前对高管领导演讲中的"速胜"部分提供反馈

特蕾莎·尼尔森
To 客户体验团队

背景 & 人物 → Hi，大家好。
如你所知，下周二我们将与高管团队开会，介绍我们对急救中心客户体验的见解和建议。

冲突 → 在这个会议上，我们将分享一些相关数据。这些相关数据表明令人不愉快的候诊室是患者不愿再来我们急救中心的首要原因。更糟糕的是，因为关于 Harmony Health 的负面反馈越来越多，导致我们在竞争中表现不佳。

好主意 → 为了扭转下滑的趋势，我们需要一些我们的团队能够立即实施的"速胜"建议。

解决方案 → 需要你们立即采取的行动：最迟在周四 EOD 之前审查并确认此共享文件的以下相关内容，以验证我们的一致性。
- 添加任何可能遗漏的建议
- 分享自上次会议以来你所想的新想法
- 确定需要删除或修改的内容

感谢大家的反馈和付出。
祝好
特蕾莎

特蕾莎·尼尔森
客户体验战略总监

HarmonyHealth
Compassionate care for all

- 相关背景是在第一行建立的，包括了背景和人物
- 冲突清楚，所以收件人确切地知道应该关注什么
- 变体的好主意重复和突出显示了"是什么"和"利益"
- 解决方案是明确的，并在最后给出了具体时间

√ 主题行 = 好主意　　√ 背景优先　　√ 明确陈述冲突

一封讲故事的邮件

以上是特蕾莎的电子邮件的新版本,讲述了一个故事,并将更肯定地迫使她的同事回应她的请求。首先,请注意虽然这封电子邮件更长,但是没关系,因为如果一封电子邮件为收件人提供了有意义的内容,它就会更长。

好主意可以在主题行中突出:需要你们周四之前对高管领导演讲中的"速胜"部分提供反馈。特蕾莎的同事立即看到了她想让他们知道和做的事情。正确理解主题行中的这条信息,让他们完全明白其中的利害关系,这是她的电子邮件会被打开或忽略的主要原因。

> 主题行是你进入收件人
> 注意力范围的第一个入口,
> 让它有价值。

之后,她开始在电子邮件的第一行通过设置背景和人物为受众建立故事的相关背景内容。这完全消除了关于收件人为什么会收到电子邮件的任何困惑:如你们所知,我们将于下周二与高管团队开会,介绍我们对改善急救中心客户体验的见解和建议。

此时,她的同事知道他们之所以收到邮件,是因为他们下周要参加一个会议。她还在故事中引入了 3 个人物:读邮件的人、高管团队,当然还有她自己。然而,背景是什么?急救中心算一个,但更直接的是,每个人都要参加的会议!一句话,读邮件的人知道了为什么这封邮件与他们有关。

接着，特蕾莎在她的电子邮件中提出了明显的冲突。他们会告诉高管团队因为候诊室不舒服，所以患者不想再来。但随后，特蕾莎立即提出了她的好主意（用粗体和黄色突出显示，以便突出）来解决冲突：为了扭转下滑的趋势，我们需要一些我们的团队能够立即实施的"速胜"建议。

特蕾莎的好主意包括一个"利益"（扭转下滑的趋势）和一个"是什么"（速胜）。邮件正文中出现的好主意强化了主题行中出现的好主意。这封电子邮件的内容没有任何歧义。

之后，特蕾莎推出了她的解决方案，其中包括故事的详细行动——如何行动。她的决心是用要点来帮助她的同事快速浏览信息，并准确地知道他们需要做什么。

以上就是通过商业故事传递的一封简单的电子邮件。再看一个例子，重温一下我们最喜欢的 Quantum，看看"人物"中的副总裁马尔科能否通过电子邮件教我们讲故事。

为什么浪费一句话

什么也不说呢

——赛斯·戈丁

案例研究

需要增加更多的飞行员

  Quantum 的人力资源副总裁马尔科向高管团队提出解决全球飞行员短缺问题的建议。对他来说，事情一定进展得很顺利。现在，一周过去了，大老板们想知道他的人才获取计划需要花多少钱。这封电子邮件是向他的高管团队的各个成员发出的请求，请他们帮助制定一个实际的预算，以实施这些建议。他必须在一周内向财务部提交这些数字。马尔科需要迅速引起同事的注意，并让他们回顾会议上的所有反馈，以便他能够汇总财务情况。

一封不知从哪里飞来的电子邮件

  和我们中的许多人一样，马尔科认为让他的邮件被阅读和快速回复的最好方法就是让它非常简短。但遗憾的是，他稀疏的语言是以牺牲背景、意义和指令为代价的。换句话说，它完全跳过了故事情节。让我们来看看哪里出了问题。

  首先，电子邮件的主题是被动的：预算规划。

  这个主题过于泛指，让人不知道什么预算？为谁规划？主题行是你进入收件人注意力范围的第一个切入点。这真的很重要。这是介绍你的好主意的地方：这条信息必须表达"是什么"。此时，大多数收件人会转向一些似乎更关键的东西上。

  其次，电子邮件的第一行没有给邮件带来任何相关背景。它没有"为什么"。当马尔科说"我们需要一个高水平的预算规划"时，他并没有明确表示他的意思。

改造前　什么没有效果

模糊的主题没什么好主意，与收件人的相关性也不清楚 →

预算规划

马尔科·巴斯克斯
To 规划团队

Reply　Reply All　Forward
Wednesday, July 8, 4:23 PM

Hi, 鲍勃、卡琳、玛丽亚、阿米尔、戴维和罗朗

会议结束后的下一步，我们需要向财务部提交一份高水平的预算规划。← 没有会议的相关背景，以及收件人关心邮件内容的原因

如果你们都能看看这里的文件，我将不胜感激。在对这个规划提出反对意见之前，我想确认下我们的集体立场。

当然，越快越好。提前感谢你们的反馈。

如果你需要更多解释信息，请随时联系我们的管理员亚历杭德罗。

祝好

马尔科

← 行动呼吁没有回应时间

马尔科·巴斯克斯
人力资源副总裁

QUANTUM AIRLINES

✗ 没有好主意　　✗ 没有提供相关背景　　✗ 没有提供时间节点

确定"为什么"能让每个人都参与进来。如果没有这个开场白，收件人（当他们读到这些话的时候，他们肯定沉浸在完全不同的事情中）可能不会记得太多他们上周参加的会议内容。他们可能会扫一眼电子邮件，并立即混淆"我们"是谁。如果没有关于会议背景和相关联系的信息，他们很可能会把你的请求放在一边，你的请求很快就会被其他无数的请求所淹没。

马尔科也错过了提醒同事是什么促使了这些建议的机会——这关系到什么。他试图干预一个严重的问题——飞行员短缺，这将威胁到该航空公司的发展和未来。在这封电子邮件中，马尔科没有提到这件事的紧迫性，因此也没有提醒同事为什么要关心这件事。如果没有这种冲突，似乎就不会急于提出请求。一般情况下，商务人士，尤其高管，经常根据邮件的紧急程度对邮件请求进行排序。

最后，解决方案不明确。他要求他们"集体结盟"，但这是一个模糊的要求。他的"越快越好"的时间表也会酿成灾难。你可以肯定的是，在没有明确的背景、具体的要求或截止日期的情况下，随着时间的推移，马尔科会发现自己在不断地催促这些回复。

一封吸引注意力并促使行动的电子邮件

以下为这封电子邮件的另一个版本，它能吸引人们的注意力，并让人们做出回应。你首先注意到什么？马尔科的名字从邮件的主题行里跳出来，立刻表达了他需要同事知道和做的事情。收件人马上就能看到这个信息，并且知道这个信息是关于什么的。马尔科需要团队成员在周三之前帮助制定预算规划。这个主题吸引了读邮件的人，因为它显然涉及他们，并要求他们直接做一些事情。

之后，收件人打开电子邮件，第一段简短的内容就映入了他们的眼帘：感谢你们参加上周的"增长规划"讲座，我们在会上分享了人力资源部门下一个10年的人才招聘愿景。你们在会议期间的意见对进一步完善我们的愿景非常宝贵，希望能够反映在此处上传的修订版中（重要会议记录链接）。如你们所知，我们的下一步是制定一份高水平的预算建议，供财务部门审查和批准。

| 改造后 | 什么有效果 |

好主意在主题行明确指出收件人需要知道什么和做什么 →

请在周三 EOD 前调整预算规划 ← 好主意

马尔科·巴斯克斯
To 规划团队
Wednesday, July 8, 4:28 PM

Hi，鲍勃、卡琳、玛丽亚、阿米尔、戴维和罗朗

感谢你们参加上周的"增长规划"讲座，我们在会上分享了人力资源部门下一个 10 年的人才招聘愿景。你们在会议期间的意见对进一步完善我们的愿景非常宝贵，希望能够反映在此处上传的修订版中（重要会议记录链接）。如你们所知，我们的下一步是制定一份高水平的预算建议，供财务部门审查和批准。 ← 背景 & 人物

虽然航空业面临着从最近的经济衰退中复苏的挑战，但在全球飞行员短缺的情况下，Quantum 和竞争对手仍然需要公平争夺飞行员市场占比份额。我们目前的招聘速度将无法满足不断增长的客户需求。 ← 冲突

好主意在背景建立之后出现会被重复和强调 →

为了确保我们能够在未来 10 年将招聘力度加倍，我们需要你们的配合，将我们的建议迅速转化为财务投资计划。 ← 好主意

需要你们采取行动：在周三 EOD 前审核并确认此更新版的文件。请确保：

- 我们讨论的所有关键变化都得到了准确反映；
- 与团队分享任何修订或更改；
- 选择"回复所有人"来确认你的立场。

← 解决方案

以项目符号形式表达解决方案，为解决冲突提供了方向 →

提前感谢你们的及时反馈！期待向前推进进度，使这个规划成为现实。
祝好
马尔科

马尔科·巴斯克斯
人力资源副总裁

QUANTUM
AIRLINES

√ 出现在主题行的好主意　　√ 用相关背景做开场白　　√ 解决方案紧跟冲突

163

因此，他们上周参加了一个会议（哦，对了，就是那个会议……），会上向 Quantum 的高管团队提出了一系列建议。现在，财务部门想知道这要花多少钱。这里列出了背景（上周的会议）和所有人物（财务团队、高管团队，当然还有马尔科）。有了这些背景信息，没有人再对他们为什么会收到这封电子邮件产生困惑。

现在，为了防止收件人的注意力转移到别处（很可能），马尔科提醒他们这个冲突：在全球飞行员短缺的情况下，Quantum 必须抓住飞行员的市场占比份额，才能发展壮大。在接下来的一行中，他指出，他们目前的招聘速度根本无法满足客户的需求，从而加剧了冲突。

之后，为了解决冲突，马尔科重复了一遍好主意：为了在未来加强招聘力度，我们需要给这些建议加上一些数字。它包括一个"是什么"和一个"利益"。他特别指出：为了确保我们能够在未来 10 年将招聘力度加倍，我们需要你们的配合，将我们的建议迅速转化为财务投资计划。

以下更仔细地检查一下"是什么"+"利益"语句。"确保我们在招聘工作中处于有利地位"是"利益"，"需要你们的支持"是目的。注意邮件正文中的好主意是如何强化主题中的好主意的。这种微妙的重复巩固了这一信息。马尔科更进一步，用粗体和黄色突出了他的好主意，以加大力度。

从好主意开始，电子邮件进入解决方案的细节。同样，这是发送方希望接收方采取的具体行动。注意马尔科是如何用要点明确列出他需要什么的。他还在他的"如何做"中注入了更多的力量，用"需要你们采取行动"这样的豪言壮语来引导他的主题方向。这让事情绝对清楚，而不是成为收件人的"仅供参考"的邮件。这使收件人知道这是一个真正的推进计划，需要他们的参与。

小结

熬过暴风雪般的邮件

无论何时何地,电子邮件都在源源不断地涌入人们的收件箱。其中许多问题从未得到答复。这可能会让发件人士气低落,让他们对哪里出了问题感到困惑。事实是,没有人教我们如何发送一封好的电子邮件,尽管这是我们做的最常见的事情之一。然而通常需要多年的经验才能掌握。因此,让我们通过将你的信息重新塑造成一个故事的框架,并引入你的"为什么"、"是什么"和"如何做",来减少掌握时间。通过这个,你将有更好的机会在每天的电子邮件风暴之前发布你的信息,让你的想法得到应有的关注和回应。

第 13 章
创造一页纸

想象一下，你和一位贵宾正在共进午餐，她愿意听你的好主意。虽然你没有带 PPT 和投影仪，但你确实想给她留下一些东西，以使她记住你的想法并影响她的决定。这就是低调、有用的一页纸发挥作用的地方。你们先进餐，再投球。之后，你会留下一张纸，上面有你的关键信息，并有一些数据和事实。一页纸不一定是纸质的，也可以是很容易通过电子邮件或在线发布的内容。无论你是如何交付的，都只需人们快速浏览即可轻松获取相关信息，这是对任何高风险会议的完美跟进。

创造一页纸的
关键是使人快速、方便地
了解最相关的信息。

遗憾的是，许多人使用一页纸作为信息转储。他们可能会尝试用尽可能多的项目符号以最小的字体填充页面。（从技术上来说，这还是只有一页！）其他人可能会认为，只有几个简短的总结行是最好的。他们都错了。那么答案是什么呢？你猜对了——一页纸是讲故事的天堂。

但是一页纸应该包括多少信息呢？很简单。当你分离出一个好主意——有直接支持它的事实和数据，并从上到下使用一个讲故事的框架时，适量的信息就会出现在你的页面上。以下来看看 Harmony Health 和 Quantum 的案例，看看它们在两个版本的一页纸中传达信息的效果如何。

案例研究

紧急要点仅针对紧急事件

你可能还记得，Harmony Health 在急救中心的市场竞争激烈。但由于候诊室不够标准，他们在患者满意度方面存在问题。因此，他们有一个直接解决候诊室问题和提高患者满意度的计划，以便为公司扩大急救中心做好准备。客户体验战略总监特蕾莎·尼尔森与领导团队会面，提出了她的建议（见第 10 章）。现在，为了进一步帮助他们决定她的建议是否有效，她留下了一页纸（并通过电子邮件发送），作为她所讲述故事的总结。以下来看看她是如何做的。

改造前　什么没有效果

令人困惑的标题：这应该是关于急救中心而不是患者的健康的（加上没有好主意）

解决方案出现得太早了，没有相关背景

患者急救计划

- 我们需要在短期内（通过"速胜"）和长期内进行改进，以建立五星级体验
- 技术需要发挥关键作用，帮助我们想象由创新驱动的一流体验
- 我们需要通过建立关系来改善访问体验，并让社区参与进来
- 与我们的竞争对手相比，Harmony Health UC 的在线评分较低
- 患者对我们的评论是负面的，很多评论者提到我们"肮脏"、"杂乱"和"糟糕"的候诊室是他们不愿意再来我们急救中心的关键因素
- 实地观察研究（如参观我们的设施）证实了这些评论的真实性

急救中心数量和行业收入

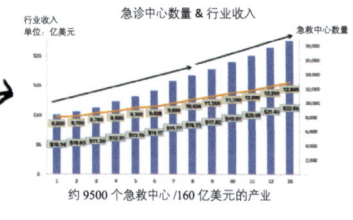

行业收入 单位：亿美元
急诊中心数量 & 行业收入
急救中心数量

约 9500 个急救中心 /160 亿美元的产业

打电话/拜访他们的初级保健提供者　45%
去急救中心　25%
去急诊室　17%

客户评论：
- 地板很脏，口香糖粘在我的座位上
- 过时的杂志和脏的纸杯
- 导医台的人根本不在意候诊室有多乱

冲突被淹没

数据令人困惑，与其他内容没有明确的联系

解决方案

方案 1：立即改正
- 把椅子放在一起，形成小的座位群
- 配置最新的洗手液、口罩分配器和指示牌站
- 礼貌地回答服务
- 把现有的垃圾桶换成自动垃圾桶
- 提供更新的饮水机
- 增加候诊室的清洁次数到每小时两次

方案 2：技术解决
- 全新的预约挂号 App
- 可选的自助取号机
- 礼貌地回答服务
- 快速 Wi-Fi 和充电站
- 大型私人工作间和专用的安静区域
- 试用 10 个主要市场的 App 服务试用

解决方案 3：社区
- 与药店合作，现场开处方
- 提供社区培训（心肺复苏术、家庭安全、清洁卫生等）
- 提供获取数字学习资料的二维码，告知患者常见的健康问题
- 更新视频内容以满足常见的医疗需求和搜索
- 提供远程医疗和虚拟急救服务

✗ 模糊的标题　✗ 密集的数据让人感觉很随机　✗ 冲突隐藏得很深

错误的一页纸

对于以上这一页纸，我们看到了迫在眉睫的问题。就像在第 12 章中的问题邮件一样，第一行应该显示的好主意不见了。相反，特蕾莎用"患者急救计划"打开了她的一页纸，这个标题听起来更像是指患者的健康，而不是急救中心！整张纸的另一个大问题是缺少真正的标题。从第 1 个 1/3 的项目符号到第 2 个 1/3 的数据，再到最后一个 1/3 的解决方案，没有逻辑思路。当眼睛从上到下浏览时，标题无助于将一个想法与另一个想法联系起来，导致信息脱节。以下仔细看看每个部分。

一页纸的第 1 个 1/3 充满了项目符号，而且很快就提出了解决方案。没有冲突或其他背景映入读者的眼帘，这时读者看到只会说……嗯，这里有一些改进！虽然后边的项目符号所列内容最终会涉及一些背景、人物和冲突，但是如果出现在解决方案提出之前，这些背景事实会更有意义。

在一页纸的第 2 个 1/3 中，更广泛的市场数据被堆积在页面上。这些图表没有提供关于它们如何支持一个好主意的明显信息（好主意还没有被引入）。

此外，一页纸的第 2 个 1/3 中的数据不清楚。除了缺乏真正的标题，从图表中也很难获得任何有意义的见解。模糊的标题"急救中心数量和行业收入"没有告诉读者任何东西。请记住，使用一页纸的目的是让阅读者一目了然，而这些图表的作用恰恰相反，它们似乎通过建立背景和人物来展示更广阔的市场，但太混乱了，没有多大帮助。第 2 部分揭示了患者的数据评论——冲突的关键部分，但这些信息需要一个真正的标题来提醒阅读者它的巨大意义。

在一页纸最后的 1/3 中，3 个方案显然是解决方案的一部分，但是这个部分被卡住了，让人很难阅读。此时，读者的眼睛肯定是呆滞的。关于这个一页纸的一切，从"信息转储"的布局到每个部分之间都缺乏流畅性，这使得特蕾莎的想法很难被理解。（这就违背了一页纸的全部目的。）毫无疑问，这个一页纸内容可以通过一个故事框架进行改进，该框架将通过逻辑思路引导读者，并帮助他们快速理解他们需要知道和做的事情。该改头换面了。

正确的一页纸

以下介绍下如何在一页纸上体现好主意。注意以下的好主意是如何体现在一页纸上的，并从一开始就传达了关键信息，即患者护理从设施护理开始：为了提供卓越的体验，我们需要创造一个吸引人的空间。

与之前的版本不同，现在这个一页纸很明显不是关于 Harmony Health 患者的健康状况的，而是关于 Harmony Health 设施的状况的。很不一样！这个好主意包括一个"是什么"和一个"利益"，可以立即告诉读者需要知道什么。

紧接着介绍市场上患者整体护理偏好的背景和人物。归根结底，这表明市场为他们提供了很多选择。这些精心挑选的数据引发了即将到来的冲突。

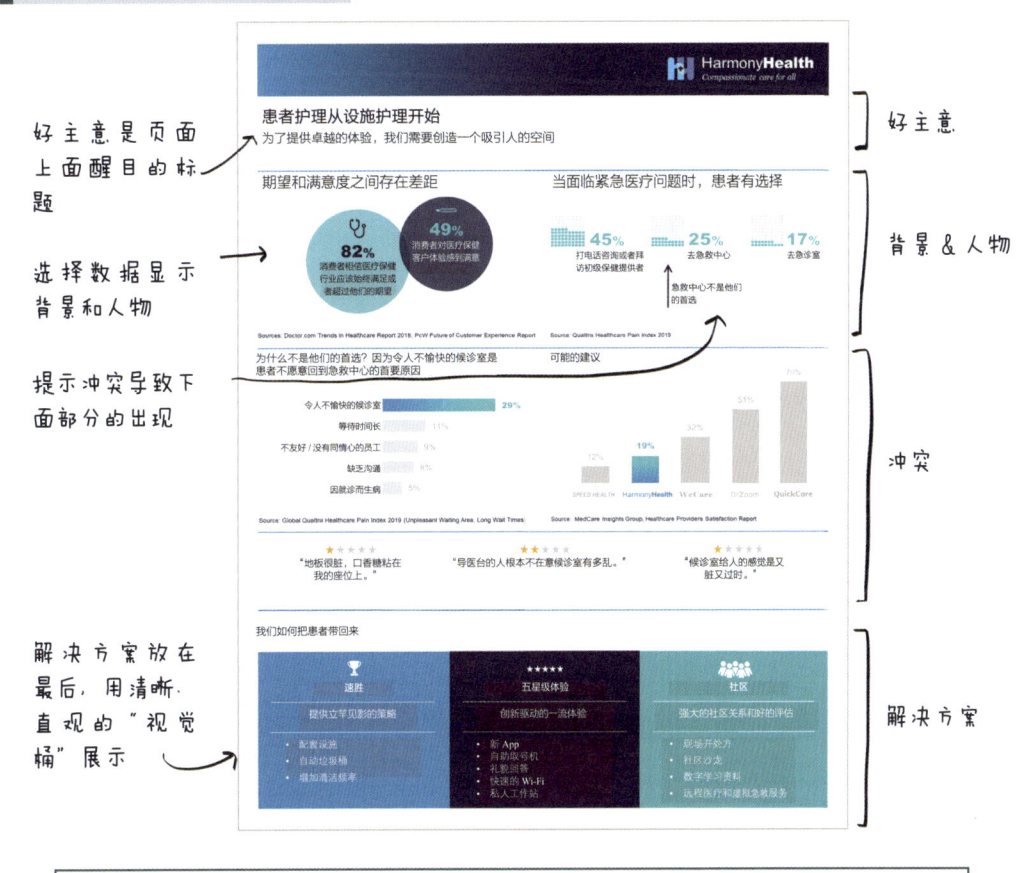

改造后 | 什么有效果

好主意是页面上面醒目的标题

选择数据显示背景和人物

提示冲突导致下面部分的出现

解决方案放在最后，用清晰、直观的"视觉桶"展示

HarmonyHealth — Compassionate care for all

患者护理从设施护理开始
为了提供卓越的体验，我们需要创造一个吸引人的空间 → 好主意

期望和满意度之间存在差距
- 82% 消费者相信医疗保健行业应该始终满足或超过他们的期望
- 49% 消费者对医疗保健客户体验感到不满

当面临紧急医疗问题时，患者有选择
- 45% 打电话咨询初级保健提供者
- 25% 去急救中心
- 17% 去急诊室

急救中心不是他们的首选

Sources: Doctor.com Trends in Healthcare Report 2019, PwC Future of Customer Experience Report / Source: Qualtrix Healthcare Pain Index 2019

→ 背景 & 人物

为什么不是他们的首选？因为令人不愉快的候诊室是患者不愿意回到急救中心的首要原因

可能的建议

- 令人不愉快的候诊室 29%
- 等待时间长 11%
- 不友好/没有同情心的员工 9%
- 缺乏沟通 8%
- 因就诊而生病 5%

柱状图：SPEED HEALTH 12%, HarmonyHealth 19%, W-t are 32%, DrZoom 51%, QuickCore 7%

Source: Global Qualtrix Healthcare Pain Index 2019 (Unpleasant Waiting Area, Long Wait Times) / Source: MedCare Insights Group, Healthcare Providers Satisfaction Report

★ "地板很脏，口香糖粘在我的座位上。"
★★ "导医台的人根本不在意候诊室有多乱。"
★ "候诊室给人的感觉是又脏又过时。"

→ 冲突

我们如何把患者带回来

速胜	五星级体验	社区
提供立竿见影的策略	创新驱动的一流体验	强大的社区关系和好的评估
• 配置浴池	• 新 App	• 现场开放日
• 自动垃圾桶	• 自助取号机	• 社区沙龙
• 增加清洁频率	• 礼貌培训	• 数字学习资料
	• 快速的 Wi-Fi	• 远程医疗和虚拟急救服务
	• 私人工作站	

→ 解决方案

√ 好主意优先出现　　√ 背景和冲突紧跟好主意之后　　√ 解决方案简单和易于浏览

之后再使用一个清晰、活跃的标题，明确地阐述了冲突。同时，相邻的数据显示了当前患者对 Harmony Health 的负面看法，从而升级了冲突。从 Harmony Health 微不足道的市场份额来看，患者不喜欢 Harmony Health 的候诊室这个问题很值得关注。此时，这个问题已经跃然纸上了。

之后，一页纸进入解决方案：我们如何把患者带回来。

每个解决方案都是清晰的，并且直接映射回之前建立的冲突。颜色的简单设计技巧、"视觉桶"化的信息和非常简短的文字进一步提升了解决方案的影响。

最后，由于在一页纸中陈述了冲突后，没有必要重复好主意，所以该解决方案的标题强化了这一信息：患者护理从设施护理开始。

以上是一个用一页纸讲述的故事。下面再来看一个例子。

写作是 1% 的灵感和 99% 的淘汰

——路易丝·布鲁克斯

案例研究

一个迷失方向的故事

以下是关于 Quantum 的人力资源副总裁马尔科·巴斯克斯在向领导团队做完大演讲后留下的一页纸。他刚刚就 Quantum 应该如何解决阻碍公司发展的全球飞行员短缺问题提出了建议。他想把关键点留给领导团队，以帮助他们对他的建议做出决定。以下先看下他第一次尝试用一页纸是如何做的。

马尔科的一页纸中有一些严重的问题。

以他模糊的标题为例：未来成长计划（暂且称它为标题，因为标题应该是有实际信息的）。这个无聊的标题不会激起人们对本页其余部分的好奇心，也不会让人们想起他的建议或他为什么要提出这些建议。为了吸引注意力和引发回忆，这个页面顶部的地方应该有他的好主意。

他的一页纸的第 1 部分是（你猜对了）所有解决方案。他立即提出了措辞密集的招聘计划。这是有问题的，因为一页纸应该提供对整个 PPT 的快速回顾。如果领导团队中的某人在几天后扫描这张纸，那马尔科的解决方案将没有意义。因此，领导团队需要通过背景、人物和冲突来建立相关联系，以便充分记住为什么马尔科的解决方案是有价值的。

第 13 章　创造一页纸

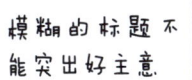

| 改造前 | 什么没有效果 |

模糊的标题不能突出好主意

未来成长计划
我们的招聘计划

候选人外联工作
- 制订导师计划，以确保新聘用的飞行员做好在 Quantum 工作的准备
- 实施新的筛选和选择流程，我们将在未来 6—12 个月内开发完成
- 通过培训和导师指导培养未来的潜在机长
- 推出自适应、数据驱动和定制化的新培训
- 实施新的能力差距和飞行员绩效评估方案

瞄准女性飞行员
- 如今，女性约占全球商业航空公司飞行员的 5.4%
- 增加我们雇用的女性飞行员的数量
- 创造更有利于女性飞行员的时间表、文化和工作政策
- 制订外联和飞行训练赞助计划
- 通过 STEM 项目为女孩树立榜样，让她们尽早参与进来

吸引未来的候选人
- 与 CAE 机构、主要的航空学院和大学合作，开发飞行员学院项目和课程，以吸引未来的候选人
- 补贴或赞助高潜力的新员工
- 与银行合作，提供融资选择和低息的学生贷款
- 实施新的薪酬和签约奖金模式，进一步激励员工
- 启动招聘前的入职计划，让新入职者迅速跟上工作节奏

故事开始于解决方案，没有相关背景和人物介绍，人们不知道为什么要关心这个

未来 10 年需要的飞行员数量

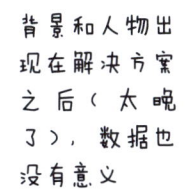

15 万　需要满足需求的现任飞行员的备用人员数量

25.5 万　总计需要的飞行员数量

10.5 万　需替换的退休飞行员数量

未来 10 个区域所需的飞行员数量

AMERICAS +85K New pilots　EUROPE +50K New pilots　MIDDLE EAST & AFRICA +30K New pilots　ASIA-PACIFIC +90K New pilots

背景和人物出现在解决方案之后（太晚了），数据也没有意义

我的所提计划的理由
增长
- 预计从 2010 年到 2030 年，乘客人数将翻一番，如年复合增长率 CAGR 为 3.5%
- 2000 年，普通公民每 43 个月才坐一次飞机；2017 年，变为每 22 个月一次
- 增长将来自亚洲

飞行员组成
- 在计划 2027 年飞行的飞行员中，有 50% 还没有开始训练
- 在美国，女性飞行员占飞行学员的 12%，呈现强劲的上升趋势
- 2003—2016 年，完成航空/商业/专业飞行员和机组人员学术课程的学生减少了 35%
- 完成商业航空课程和获得资格的飞行小时的平均花费是 12.5 万美元

QUANTUM AIRLINES

✗ 没有好主意　　✗ 用解决方案开始的故事　　✗ 相关背景出现得太晚

175

第 2 部分加入了一些数据。它本来可以作为有用的背景（特别是如果它出现在解决方案之前），但此时出现则和前一部分或整个故事之间没有建立联系。让人感觉很随意。读者可能想知道为什么它被包括在内，以及未来 10 年世界需要的飞行员数量（也按地区划分）与 Quantum 有什么关系。一位聪明的领导者会发现这种联系吗？当然。但如果马尔科想让这一页纸作为对几天前重要会议后的复习，那这种联系应该是显而易见的——不需要读者做额外的工作。这页纸的价值正在迅速下降。

最后一部分试图为马尔科的建议提供理由，但完全放错了地方。这部分内容应该首先被介绍，因为它建立了背景和人物，构建了故事的关键原因。这些项目符号，连同各种支持性的事实和数据，在故事中出现得太晚了，没有任何意义。读者将被迫再次向前浏览（在冲突和解决方案上）以理解整个事情。

以下为马尔科调整后的一页纸，这样团队就可以快速地从上到下浏览它，并立即理解他的故事的逻辑流程。

一页纸上的一个可快速浏览的故事

在以下这个一页纸中，马尔科的好主意立刻出现在标题行。因为这是目光首先进入的地方，所以这个故事的"是什么"从一开始就很清楚，即稳健的试点策略确保我们不会被遗弃在门口：我们需要确保飞行员的市场占有份额，以确保我们的未来。

在这个一页纸中特别指出，马尔科的故事是关于招聘飞行员的（而不是未来的增长战略）。

改造后 | 什么有效果

强有力的标题阐明了故事的好主意 ↓

好主意 {

稳健的试点策略确保我们不会被遗弃在门口

我们需要确保我们的飞行员的市场占有份额,以确保我们的未来

QUANTUM AIRLINES

行业预测显示,以亚洲为首的乘客数量将在 2040 年翻一番

410 万 (2020) · 580 万 (2030) · 820 万 (2040) · 3.5% 年复合增长率 CAGR · 美国 +59% · 中国 +167% · 印度 +262% · 泰国 +118% · 印度尼西亚 +219%

印度新增乘客增长比例最高

背景和人物为冲突搭建了舞台,提供了铺垫 →

} **背景 & 人物**

但是飞行员的短缺威胁着所有人

行业需求:70 每天更换需乘的新飞行员数量 到 2023 年

Quantum 需求:1 每天更换的新飞行员数量 到 2023 年

这是我们过去招聘力度的两倍

2,350 现任飞行员的数量 · 790 需要离开的数量 · 3,050 需要加的飞行员数量 · 5,400 现任飞行员的数量

2020 年 — 2030 年

} **冲突**

醒目的标题推动故事向前发展 →

以下是我们赢得关键人才的计划

正确的人
根据层级和文化找到合适的候选人
- 飞行准备就绪培训
- 能力差距和绩效评估
- 自适应、数据驱动的、定制的培训
- 新的筛选和确认流程

下一阶段关注点
聚焦发展女性飞行员
- 增加女性飞行员的招聘
- 制订女性飞行员培训赞助计划
- 激活对家庭友好的时间表和政策
- 通过 STEM 项目吸引女孩加入

渠道
为未来提供人才资源的合作方
- 开发飞行学院项目
- 高潜力人才招聘
- 新的薪酬模式
- 入职前培训项目

解决方案易于浏览,放在了最后 →

} **解决方案**

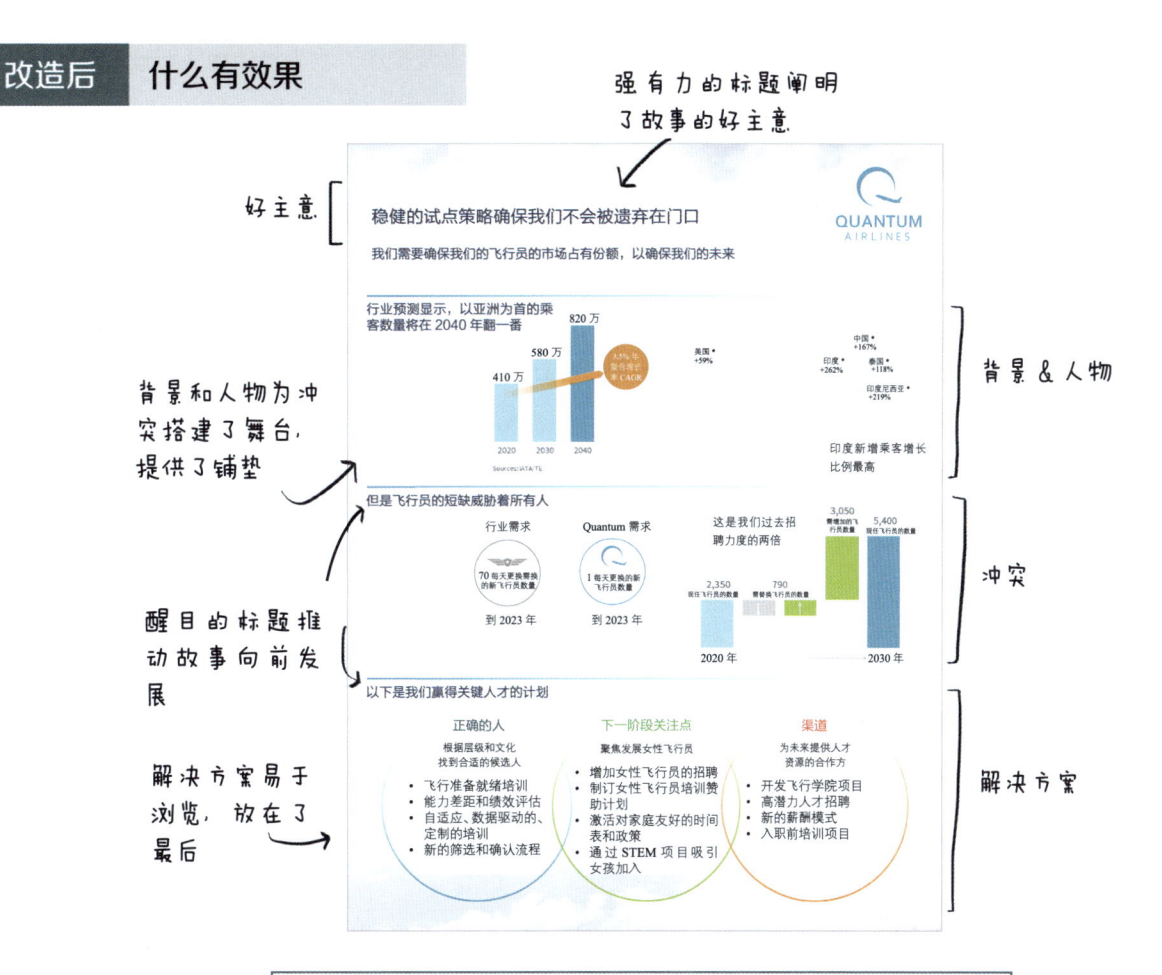

✓ 好主意出现在顶部 ✓ 全文醒目的标题 ✓ 简单易于浏览的解决方案

从这里开始，马尔科将他的故事路标按正确的顺序排列。首先，他引出背景和人物来提供相关背景，然后用相关的、支持性的数据加以支持。以亚洲为首的乘客（人物）数量到 2040 年将翻一番，其中印度（背景）的增幅比例最大。

在第 2 部分，马尔科引入了威胁所有航空公司的飞行员短缺（冲突）问题。他又选择了非常精选的数据来确认这一冲突。当目光从左移向右时，他用另一个关于整个行业飞行员需求的图表升级了冲突。他对数据进行了有力的说明，指出了 Quantum 在如何保持增长方面的冲突：这需要使我们过去的招聘工作翻一番。

在最后一部分，他提出了 3 个解决方案。此时，它们出现得正是时候。读者已经感受到飞行员短缺的担忧，并准备认真对待马尔科的建议。马尔科很好地将每个解决方案分解成易于阅读的小块，每个小块都有单独的关注点。与 Harmony Health 案例中的一页纸一样，马尔科在解决方案中使用标题来强化好主意。

马尔科明确表示 Quantum 需要新的人才，他有一个赢得新人才的计划。

小结

当一页纸必须说明一切时

无论你是与潜在的销售人员共进晚餐,还是向你的高管团队提建议,或者只是想让你的信息放在脑海中时,一个简单的一页纸可以正是你需要的,以加强你的想法。一页纸的内容很简短,充满了你的关键信息,而且很容易被保留(或发电子邮件)。但为了确保它对读者仍然有价值,它必须是可快速浏览的,易于理解的。将你的想法塑造成一个故事框架,运用在提建议、进展汇报或发送电子邮件中,这将使决策者在一页纸内就能最容易地接触到它们。太神奇了。

重点回顾

日常讲故事

提建议、写汇报和电子邮件
当商业故事改变和加强人们的日常沟通时，它是最有用的。

1

提出建议

所有的建议都必须从背景（你的"为什么"）开始，建立在一个背景、人物和冲突之上。这就是为什么决策者会关心你的建议、解决方案（或你的"如何做"）。在你深入研究这些建议之前，顺便提一下你的重要好主意，巩固你的故事。

2

提供汇报

汇报是一个展示你对项目的掌控的机会，不管有没有冲突。有冲突时，使用你的基本故事结构（"为什么"、"是什么"和"如何做"）来揭示和解决问题。如果没有冲突，那么你只需要介绍一些故事元素（背景、人物和一个好主意）。

3

撰写电子邮件

每封电子邮件都是一个讲故事的机会。保持精简,但通过一个基本的故事结构注入意义——你的好主意是主题。始终从背景(背景、人物、冲突)开始,以解决方案结束。明确收件人的角色和快速响应所需的行动号召。

4

构建一页纸

在一次高风险的会议之后,这一页纸会把你的关键点留给决策者。永远不要用太多的信息或数据干扰他们。最开始的部分应该包括你的好主意(从顶部开始),然后是4个故事路标,所有这些路标都由从一个流向另一个的有用标题锚定。

第 5 部分

但是——

我如何展现我的故事呢

第 14 章
受众就是一切：一个宣言

开个玩笑，这不是宣言。但是，让我们在一起坦率地谈谈与你每天互动的人。例如，你的老板、员工、客户、投资者、合作伙伴……那些可能会接受你想法的人。为了他们，请听这些话：

最好的故事讲述者会走出自己的世界，站在受众的立场上。

当你讲故事或任何想法时，想想受众是谁，他们的心态是什么。问这 3 个问题：他们的世界发生了什么？谁或什么对他们重要？他们面临什么挑战？

因为无论你认为什么是一个奇妙的故事，如果关于你的受众，他们都更有可能被这个故事所吸引。考虑到你希望感动、改变或激励他们，他们的意见才是最重要的。你必须给他们所需要的。

这与你无关，而总是关于你的受众。

最好的故事讲述者会走出自己的世界，站在受众的立场上

没有什么比聚焦于受众关注的建议更重要了。毕竟，人们在工作中花了大部分时间试图说服受众（尤其是决策者）去做事情——让他们说"是"。

但是在深夜的酒店房间里，当人们疯狂地为明天上午 8 点的演讲拼凑 PPT 时，很容易忽视自己的受众。这就是人们最终得到不连贯的 PPT 大杂烩——科学怪人™的原因。

那么，如何避免创造一个科学怪人™？建立一个完善的流程，并融入你故事发展过程中，这将确保你对受众的需求进行了充分的尽职调查。

受众的观点是由他们的角色塑造的

在不同的角色和层次上服务的人有着惊人的不同观点。你花时间去理解这些不同的观点是非常值得的，因为这会影响他们对你的故事的反应和互动（这很可能会影响你选择强调的信息）。

你面对的是高管和关键利益相关者？中层管理者？个人贡献者？每个人都有完全不同的需求和优先事项。

高管在审批时关注什么

时间紧迫的高管和关键利益相关者每天大部分时间都在做审批工作。他们拥有大局观，执着于权衡利益与风险、长期战略影响，以及必要的投资。

中层管理者会影响决策

中层管理人员虽然不是最终决策者，但他们处于有影响力的位置。如果他们喜欢你的好主意，那么他们就可能会传播这些好主意。他们也会关注你的好主意将如何影响日常的战略，以及如何衡量成功。

个人贡献者使之成为现实

那些在现场执行你的好主意的人关心的是你的好主意对他们有什么利益。个人贡献者对你的建议将如何影响他们的日常操作感兴趣。

> 你的故事越是针对受众的独特观点，
> 他们就越会觉得你的故事与他们的故事有关联。

挖掘受众的隐藏面

你如何真正了解受众的观点呢？你需要戴上你的"夏洛克帽"，回到本章开头介绍的 3 个问题上来：

- 受众的世界发生了什么？
- 谁或什么对他们重要？
- 他们面临什么挑战？

以上这些问题的答案会引导你找到你的故事的"为什么"。以下看看每个问题是如何与前 3 个路标相关联的。

他们的世界发生了什么？ → 对应于 → **背景**

谁或什么对他们重要？ → 对应于 → **人物**

他们面临什么挑战？ → 对应于 → **冲突**

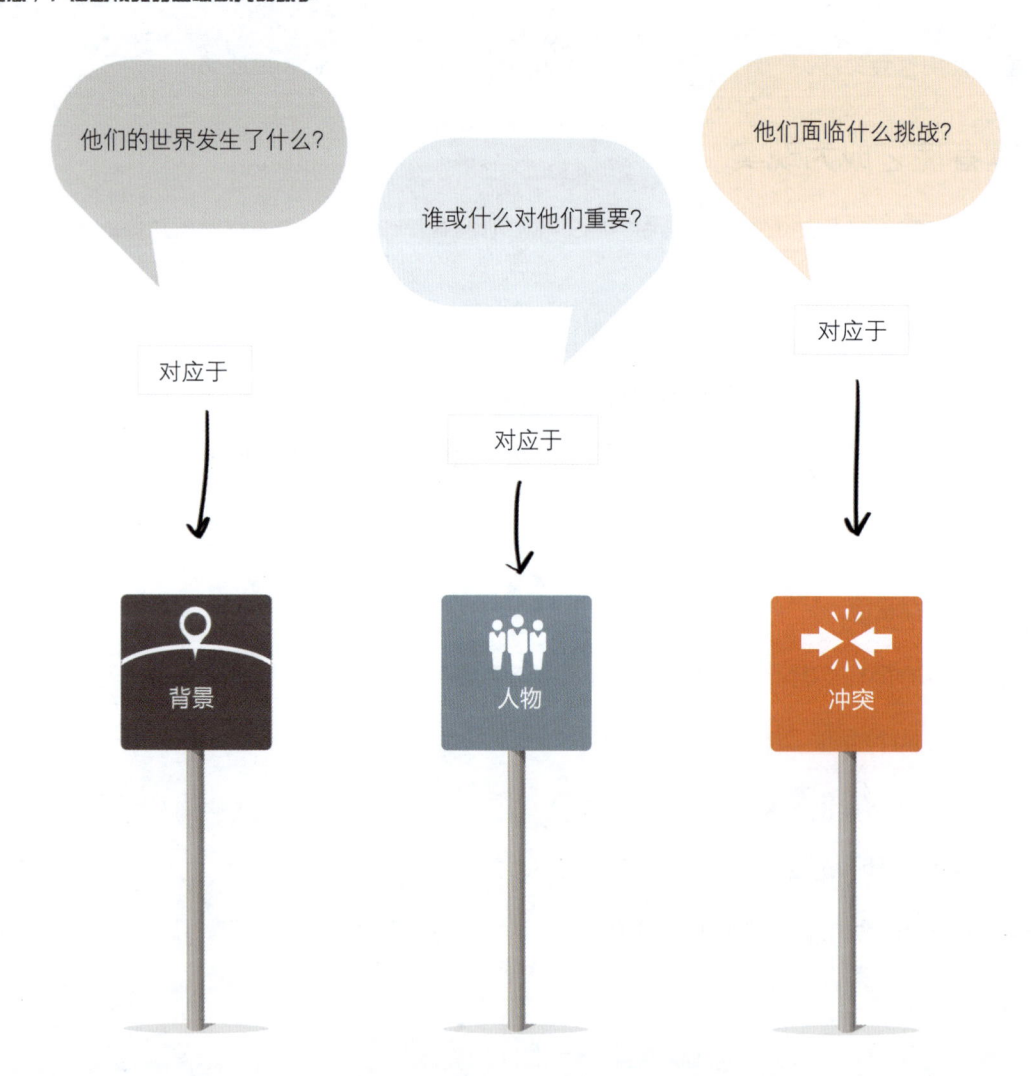

受众千差万别，
没有一种方式
适合所有人

如何为不同的受众改编故事呢

知道每位受众都有不同的需求,就应该弄清楚你在和谁说话,并根据他们的需求改编你的故事。这意味着你可能需要移动、扩展或收缩你的故事元素,以适应你的受众。简言之,你需要灵活地调整你的故事。

回顾基本的线性故事结构

记住,所有伟大的故事都有一个"为什么"、"是什么"和"如何做"。"为什么"是与你的前3个路标:背景、人物和冲突(按照你选择的顺序)一起建立的。这是你展示故事背景的地方,给你的受众一个关心你的故事的理由。什么是你的好主意,即你最关键的一点或希望受众掌握的关键"想法",以及受众必须从你的故事中记住的一件事。什么是你的解决方案,即你的建议、解决方案概述、提案等。

阅读指引

为了更好地理解你如何调整你的故事以适应不同的受众,让我们停下来。在下一章中,我们将看到一些我们在某个时刻都遇到过的熟悉的会议场景。

第 14 章 受众就是一切：一个宣言

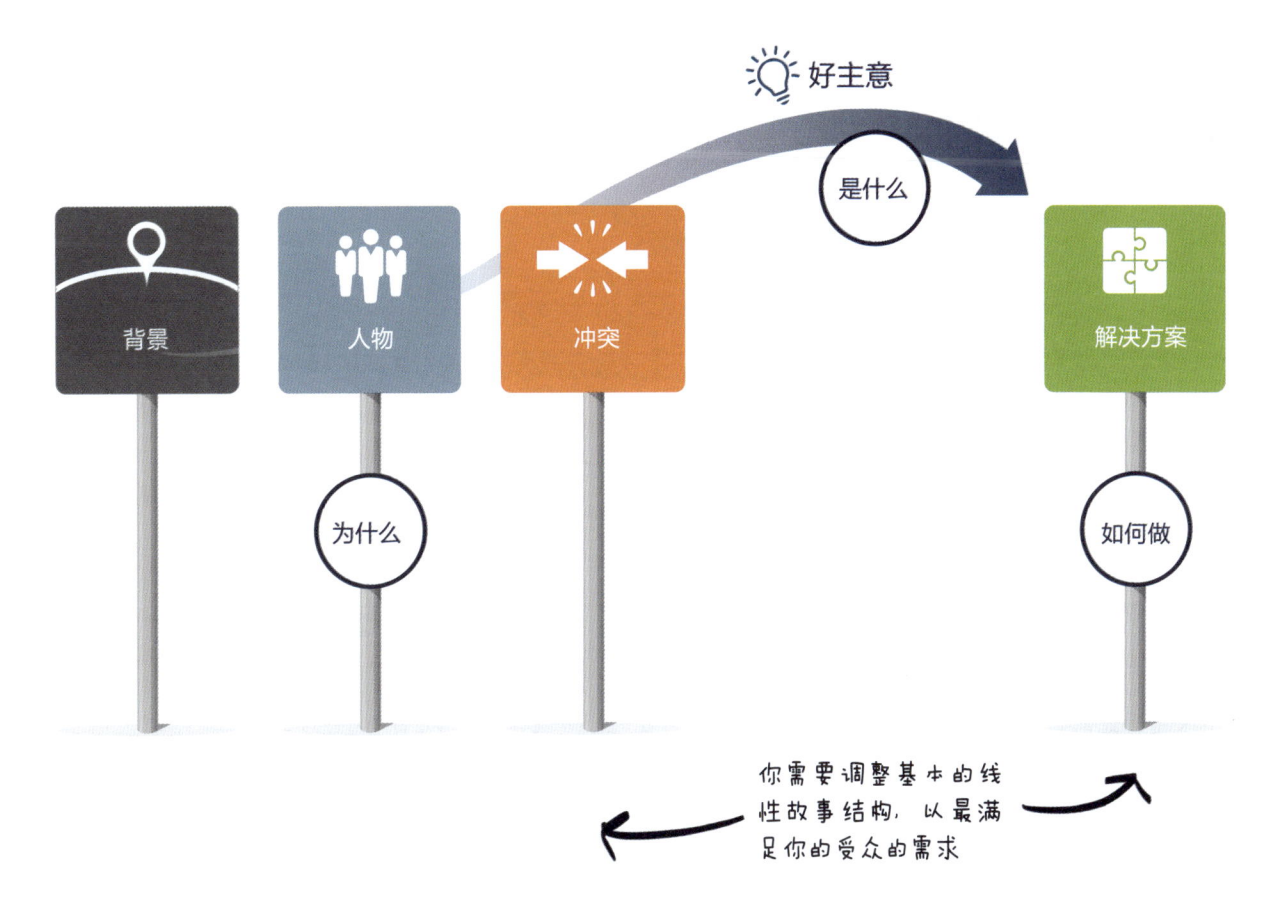

好主意

背景　人物　冲突　是什么　解决方案

为什么　　　　　　　　　　如何做

你需要调整基本的线性故事结构，以最满足你的受众的需求

191

第 15 章

当你只有 5 分钟与高管交谈时

想象一下,你的团队已经花了数周时间准备提交一份大型提案。你花了无数个小时研究你即将面对的高管团队。每个人都已经很紧张了,都希望能完成这个 30 分钟紧凑的演讲。如果你们达成协议,那会非常好。

除此之外,你需要沟通的高管团队……迟到了。

你现在只有 5 分钟。

那么,你要如何做?你要如何把 30 分钟的精彩内容塞进 5 分钟?

这是我们应该随时准备应对的常见情况。毕竟,高管往往时间短,注意力不集中,有时甚至脾气暴躁!你应该随时做好应对意外的准备。

接下来看看如何调整你的基本线性故事结构,这样你就可以立即对可怕的时间消失场景做出反应。

介绍轴心点策略

最近的商业热潮是什么?它被称为轴心点。当你向高管或任何关键利益相关者讲话时,你需要灵活地转向他们的需求。以核心故事结构为基础,从你的好主意开始(记住,这是你故事的"是什么"),并注意你从受众那里得到的反馈。如果你收到一个要求更多背景的请求，备份并提供你的故事的背景、人物和冲突（"为什么"）。这可以通过口头或视觉呈现来完成。这将是一个非常简短的背景解释。

但是，如果你的主管或关键利益相关者急于推进解决方案（也就是说，如果他们接受你的好主意，而不要求有更多的相关背景），你可以继续你的方法——解决方案。记住，你的解决方案是你的具体计划，并根据要求准备好细节内容。

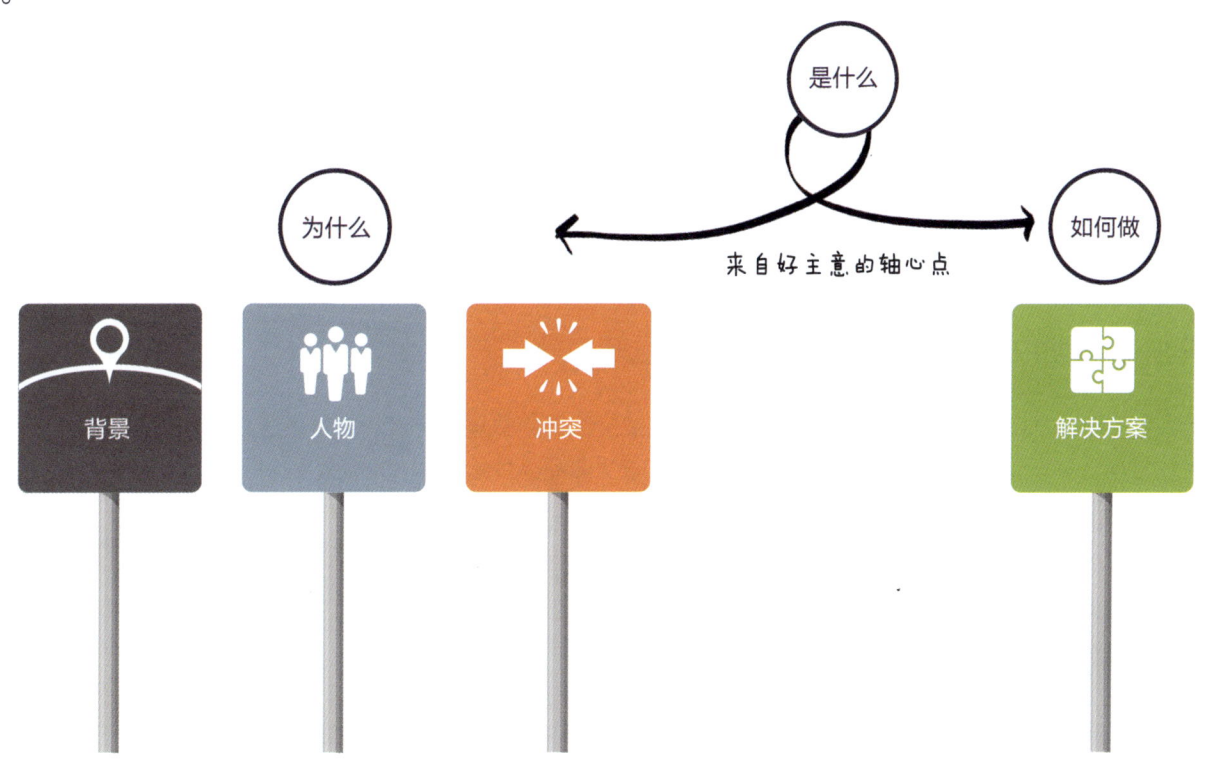

来自好主意的轴心点

背景　人物　冲突　是什么　为什么　如何做　解决方案

找到轴心点并不难，但你必须很好地了解你的故事，并且能够灵活应变

不言而喻，要想正确地把握这个轴心点，你就必须了解你的故事的前后内容。你可以学习的最重要的技能之一就是灵活。虽然你已经准备了一个井然有序、结构良好的故事，但你也必须准备好被偏离轨道。

> 你必须时刻准备好无序或
> 非线性地讲述你的故事。

根据受众的需求，你将不得不曲折前进、来回前进、深入研究或保持高水平。为了让你（和你的受众）在你的故事中保持专注，你所需要的只是一个锚点——一个大本营，如果你愿意的话，那个锚点永远是你的好主意。

听从受众的建议

虽然准备好转向是很好的，但这并不意味着你应该跳过故事中的重要元素。如前所述，确定你的背景、人物和冲突是吸引受众的方式。这是你让他们关心你的故事的方式。即使你只有几分钟的发言时间，你也应该至少花30~60秒的时间口头确定你故事的背景，即"为什么"。然而，如果你面对的是已经非常熟悉你故事背景的人，那么你需要介绍你的好主意，然后迅速地提供解决方案。

完整地展示你的故事，不要撕碎它

以下来看看轴心点策略如何影响你的PPT（如果你在演示中以视觉方式讲述你的故事）。好消息是你最初的线性

故事结构保持不变。不需要删除或移动任何 PPT。

诀窍是简单地隐藏你想跳过的 PPT，这样你就可以准确地聚焦你的受众感兴趣的内容。但同样，在 5 分钟的紧急故事中，你将从你的好主意的 PPT 开始。

隐藏的 PPT、超链接和页面

敏捷的讲故事者需要一些简单的技能和工具。为了正确地围绕你的故事展开，你需要知道如何隐藏 PPT，这样才能只让你看到它们，而你的受众却看不到。因此，在会议期间，你可以随意展示你想展示的 PPT，而不必摸索不必要的视觉效果。

> 在幕后，隐藏 PPT，
> 可以控制受众看到的内容。

如果你突然需要跳到最后的 PPT，你不需要单击你的线性故事中的每一张 PPT 就能到达那里。这一点最好通过一个包含到演示文稿其他部分的超链接的登录页面来实现——有点像主页的感觉。

案例研究

轴心点策略在起作用

以下结合之前的保险案例来研究轴心点策略,以展示它在 PPT 中是如何起作用的。你可能还记得,这个故事涉及接触新的保险消费者。如果你不得不在关键时刻讲述这个故事,你可能没有时间展示你的"为什么"PPT。相反,你将首先提出你的好主意:"为了接触到未来的保险消费者,我们需要在他们的购买过程中建立相关性。"从那里开始,你会停下来,向你的受众寻求反馈。

你可能会问:"你想知道为什么我们需要与年轻一代的保险消费者建立联系吗?或者,你想知道我们将如何建立相关性吗?"

你在试探受众是想要更多的背景("为什么")还是只想跳到执行("如何做")部分。当你收到他们的回复时,你会立即转向他们的需求。

始终根据受众的反应行动。

与你的受众进行对话，让他们控制信息的流向

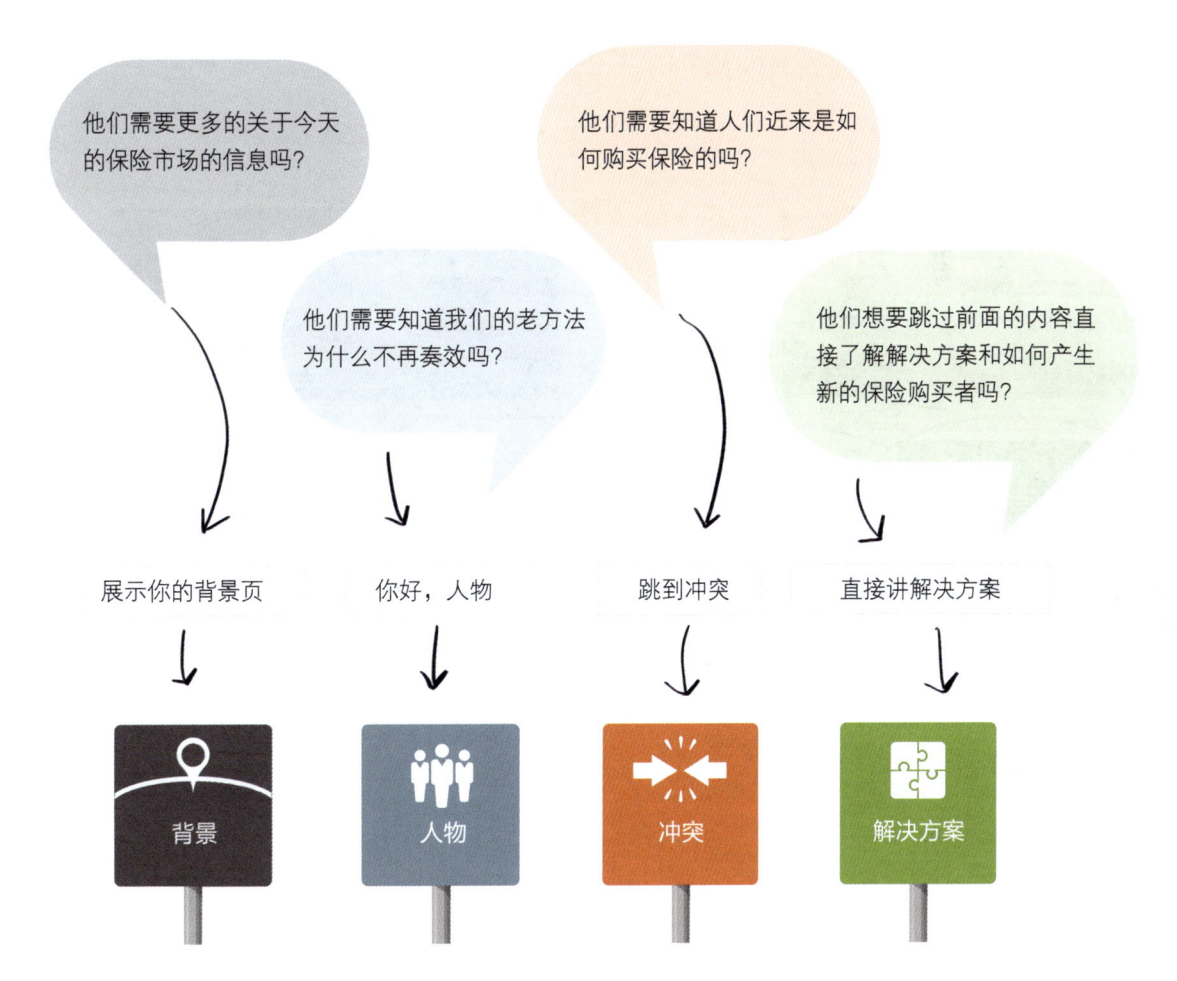

他们需要更多的关于今天的保险市场的信息吗？	他们需要知道我们的老方法为什么不再奏效吗？	他们需要知道人们近来是如何购买保险的吗？	他们想要跳过前面的内容直接了解解决方案和如何产生新的保险购买者吗？
↓	↓	↓	↓
展示你的背景页	你好，人物	跳到冲突	直接讲解决方案
↓	↓	↓	↓
背景	人物	冲突	解决方案

在结构上，以上故事以线性顺序保持了完整。这样你就不必为同一个故事创作多个版本。（省时！）与之前的故事不同的是，你隐藏了一些 PPT，除了你的好主意的 PPT，也就是你开始展示的地方。在你单击超链接深入查看之前，不会出现其他任何内容。换句话说，你可以从你的"大本营"（你的好主意）向任何方向前进。

询问你的受众他们想去哪里是一个聪明的策略。你让受众坐在驾驶座上！受众喜欢这样，尤其是高管。

基于受众的反馈建立一个来自好主意的轴心点

小结

放弃控制以获得控制

轴心点策略对一些人来说可能看起来很复杂,但实际上,它让你能够控制你的故事。任何能把会议和对话变成双向对话,而不是独白的行为,都显示出你对材料的掌握和你的执行力。

当你能够调整并帮助高管
做出快速决策时,你会显得更可信。

当你证明你理解他们的世界时,你的价值将在你的老板、你的客户、你的团队或你面对的任何人的眼中飙升。转向是一个成功的策略,因为它可以防止你在意想不到的事情发生时变得慌乱,如你的时间变短了,或者你的受众中有人偏离了主题。(听起来熟悉吗?)事实上,在我们培训的跨国公司和《财富》500强公司中,我们看到即使是最内向、最紧张的主持人,也会通过"轴心点策略"增强信心,真正"占据整个会议室"。

第 16 章
受众是多样化的
如何取悦所有人

如果你的受众是混合的，由不同职能的人组成，有着不同的兴趣和不同的知识水平，那会怎么样？你不可能用同一个故事来满足每个人的需求，对吧？

事实上，你可以。

这是一个非常常见的场景。与轴心点策略类似，你需要调整你的线性故事结构。虽然你会保持关键元素和结构的完整性，但在受众多样化的情况下，你的故事必须真正向前发展。

不可思议的故事发展

首先，你必须考虑你的受众中的主要群体。如果你想满足每个兴趣小组的需求，那么你需要在你的故事中引入多个人物。每个人物都可能面临自己独特的冲突。为什么呢？因为每次冲突都会对每个群体产生特殊的意义。

在一些故事中，你可能会发现每位受众都有一个共同的冲突，但这种方法通常很棘手，而且往往不太可能。所以在大多数情况下，面对不同的受众，要准备好引入多个人物和冲突。然而，你永远只有一个好主意。

> 一个好主意必须团结
> 你故事中的所有人和事。

　　例如，你正试图向公司的高管推广一个全新的服务理念。首席技术官帕姆想听纯粹的技术说明，人力资源部门的罗伯特最关心的是这个项目需要多少新员工，首席财务官玛丽亚非常关注这项新服务的损益表。从表面来看，你只有一个受众，但实际上，你面对的是（至少）3个受众。

好主意

背景（为什么） → 人物 → 冲突 —是什么→ 解决方案（如何做） → 解决方案／解决方案／解决方案／解决方案

你的故事随着不同受众而发展

从你略显夸张的"为什么"（背景、人物和冲突）开始，你将转向"如何做"（你的解决方案）。此处建议使用预览页面将你的解决方案划分成清晰的路径。每个路径都解决了你引入的每个冲突。同样，这些冲突中的每个都直接映射不同受众的不同需求。

此外，始终保持灵活性，并寻求与受众的互动。永远不要假设你必须以线性方式呈现所有内容。这对于不同的受众来说尤其如此，因为你可以确定不同的人会对你故事的不同细节感兴趣。

案例研究

在学校销售笔记本电脑

在我们公司的一个讲故事研讨会上，一位参与者——一家大型计算机硬件公司的销售经理，带来了一个极具有挑战性的、多样化受众的完美例子。她向教育部门销售技术解决方案（想想为学习而设计的笔记本电脑、台式机、工作站和数字设备，可以在教室里使用）。当她到达学校时，她的受众总是极其混杂。她向一屋子的教师、信息技术人员和学校董事会成员推销，他们都有独特的需求和关注。她不能依靠一个"千篇一律"的故事来吸引受众。为了证明自己的观点，她必须提前解决他们的个人需求。

对于故事的"为什么"，引入了未命名的人物

"对于教育者来说，我知道你的时间和资源有限；对于信息技术人员来说，我知道你需要易于实施和维护的安全技术；对于学校董事会成员来说，我知道你面临有限的地区资金。"

有名字的人物也很有用

这是乔、亚力克斯和玛丽亚 →

乔	亚力克斯	玛丽亚
教育者	信息技术人员	学校董事会成员

以下是故事的"为什么"（使用有名字的人物）如何在视觉上生动起来

"乔是一名三年级老师。他想在课堂上使用技术，但时间有限，资源有限。亚历克斯在一所中学管理信息技术部门。他关心的是如何有效管理的安全技术。玛丽亚是学校董事会成员。她也希望在课堂上看到科技，但是苦于只有有限的地区资金，她必须认真权衡成本和收益。总的来说，乔、亚历克斯和玛丽亚想要的是同样的东西：在课堂上使用价格合理、灵活且用户友好的技术。"

乔	亚力克斯	玛丽亚
有限的时间 资源受限 需要迅速掌握	安全技术 有效地管理 使教师了解	负担得起的技术成本 地区费用有限 公平对待所有学生

背景、人物 & 冲突

从故事的"为什么"转向"是什么"（好主意）

在课堂上使用价格合理、灵活且对学生友好的技术，可以培养积极、有灵感的学习者。

在她展示了她的人物，无论是命名的还是未命名的，以及他们的冲突之后，她用她的好主意打动了观众：在课堂上使用价格合理、灵活且对用户友好的技术，可以培养积极、有灵感的学习者。注意她没有提供3个好主意。相反，她用了一个好主意，把每类受众都团结起来。这是有意的。因为你的故事中只能有一个好主意，否则你的受众就不会记得你想让他们知道或事后做的一件事。

在好主意中概述了解决方案

既然故事的"为什么"和"是什么"已经明确确立了，那她准备透露自己的"如何做"和"解决方案"了。为了巩固她的故事，她使用了一个预览页面来展示解决方案的多个方面。这是一张地图，显示了她的解决方案将如何解决每类受众面临的冲突。预览页面使她能够轻松地深入介绍单独的解决方案中的每一个。

预览页面引发对话

使用预览页面对于一个多管齐下的故事来说是一个聪明的解决方案，因为它很容易让演讲者和受众看到哪些细节可以深入挖掘。它清楚地显示了谈话的方向。

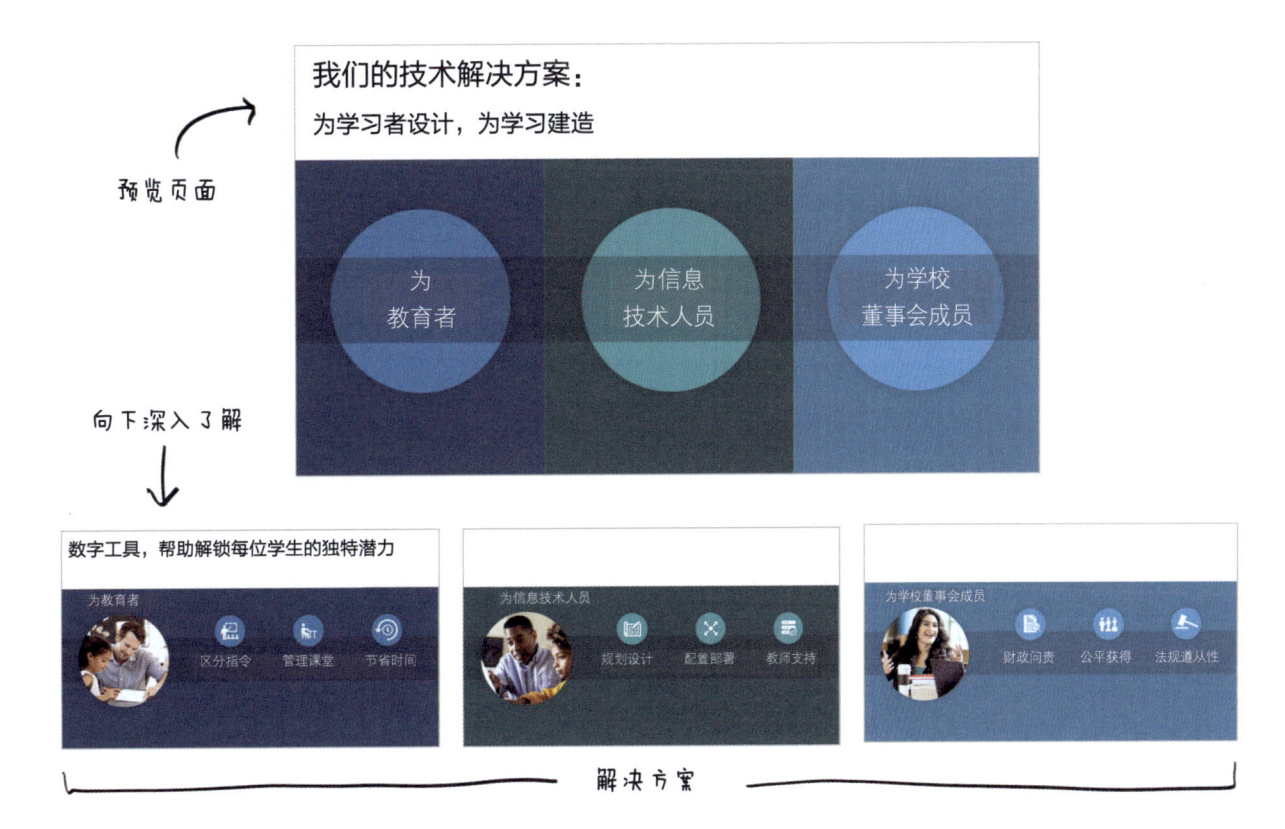

深入展开 PPT 获得更多细节

根据需要,你可以看到任意一张可以深入了解解决方案的 PPT。在这个例子中,每个解决方案只有一张 PPT(传达概念),但实际上,你可能有几张"背后"PPT 来支持你的"如何做"。

第 17 章

当你被告知"只能用 3~5 张 PPT"时

"只能用 3~5 张 PPT"是一种极其常见的艰难情况。无论因为什么——公司文化、政策、时间限制，你都必须用几张 PPT 来讲述你的故事。

也许你的老板让你只选择 3 张 PPT，这样她就可以向她的老板展示团队的想法。你有两个挑战。首先，你必须截断你的基本线性故事结构，以便快速到达你的观点。其次，你必须准备好你的故事，以便其他人能够轻松地传递。因此，你会如何做呢？（不，答案不是缩小字！）

只用 3~5 张 PPT 来讲述你的故事，有两个不错的选择。选项 1：口头陈述你的"为什么"。选项 2：在一张 PPT 上直观地展示你的"为什么"。如果你的老板正在为你讲述这个故事，你必须决定你是否可以依靠她来口头上确立"为什么"，或者她是否需要一张 PPT 的视觉提示。换句话说，你需要如何控制你的故事？下面来看看这两个选项。

选项 1：口头陈述你的"为什么"

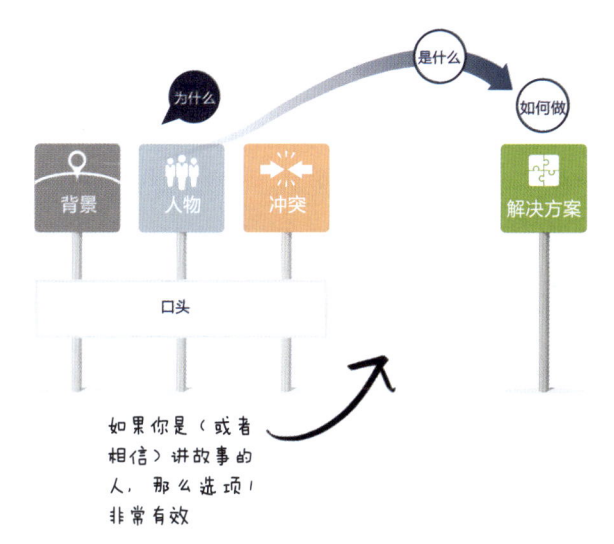

你先口头建立你的故事的背景、人物和冲突，再展示你的"是什么"（记住，这是你的好主意）。在你直观地展示了你的好主意之后，你可以继续展示你的"如何做"（你的解决方案）。你只有几张 PPT，所以一定要尽量减少细节。

如果你是（或者相信）讲故事的人，那么选项1非常有效

选项 2：直观地展示你的"为什么"

你将需要一张 PPT（是的，只有一张！）来直观地展示你的"为什么"。虽然将所有的相关内容放到一张 PPT 上会很困难，但你必须只包括最相关的点。不过如果你所包含的一切都支持你的好主意，并且你已经排除了无关的东西，那么你应该处于良好的状态。

如果你要用电子邮件发送 PPT，或者把 PPT 交给其他人来展示，那么选项2非常有效

在之前 GO 保险公司故事中,请查看"为什么"是如何在一张 PPT 上建立的,"是什么"是如何在一张 PPT 上显示的,"如何做"最后是如何仅保留在 2~3 张 PPT 上的。

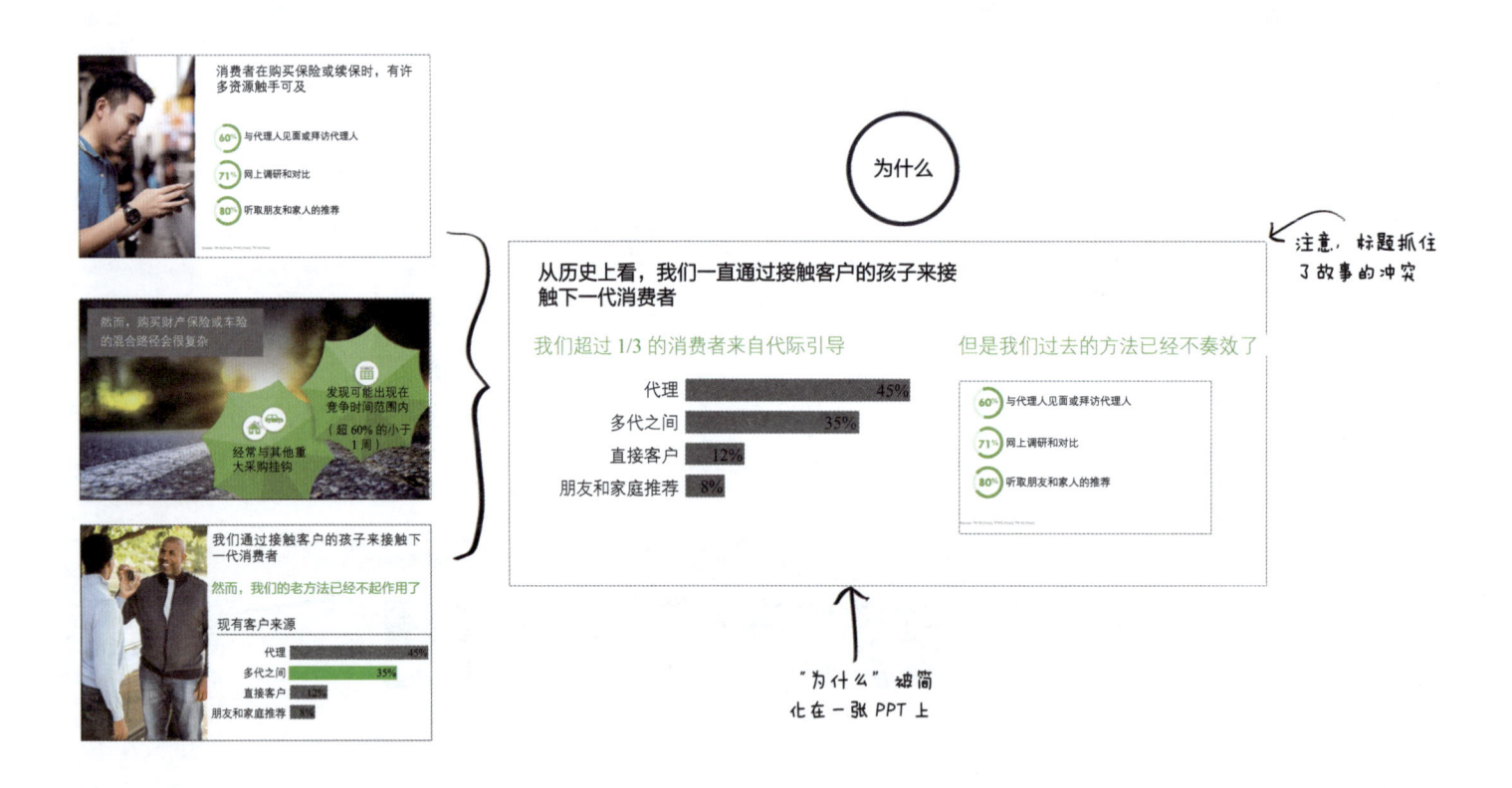

为什么

注意,标题抓住了故事的冲突

"为什么"被简化在一张 PPT 上

第 17 章 当你被告知"只能用 3~5 张 PPT"时

是什么

为了接触到未来的保险消费者，我们需要在他们的购买过程中建立相关性

↑
"是什么"是关于你的好主意的简单陈述

如何做

以下是我们与未来的消费者建立联系的方法

简单化	个性化	差异化
购买过程	客户体验	产品

↑
最后，是你的"如何做"，即你的解决方案

209

第 18 章
团队演示：谁做什么

你在团队中工作吗？我们猜是的。不是每个人在职业生涯的某个时候都会在一个团队中工作吗？和你的同事在一起，你可能会面临某种高风险的会议或陈述，结果可能是非常有益的……或者是非常痛苦的。

当团队协作利用多人的各种才能时，团队协作是很棒的，他们都以自己的方式做出贡献。但是缺点呢？有一群才华横溢的贡献者都试图讲述一个不同的故事，导致了一个拼凑的"混乱"。（有关这个场景的更多信息，请回顾第 9 章内容）。

但是团队讲故事不一定要乱七八糟。即使大型团队，也很有可能共同构建一个强有力的、有凝聚力的故事，并通过视觉、语言或两者的某种组合来传达。

> 为了避免杂乱无章、让受众困惑的
> 混乱局面，你的团队需要
> 一个计划和流程来构建
> 和交付一个公共故事。

构建故事这个过程的一部分总是首先关注故事，其次关注视觉效果。不管有多诱人，在你把你的故事定下来之前，永远不要打开 PPT（或其他可视化软件）。以下先来谈谈构建。

一起构建，再分开，再一起构建

在构建之初，团队必须在 3 个主要方面进行合作：故事的"为什么"（记住，这是背景、人物和冲突）、"是什么"（好主意），以及"如何做"的高级概述（解决方案）。

构建一个团队故事

好主意

背景　人物　冲突　→ 是什么 →　解决方案

为什么　　　　　　　　　　　如何做

> 所有团队成员协作开发"为什么"、"是什么"和"如何做",以确保包含所有的观点。

    团队必须就"为什么"、"是什么"和"如何做"这些部分达成一致,因为正如我们在企业故事研讨会上不断发现的那样,这是流程中最反复的部分。当两个、三个、四个或更多的人使用框架构建一个故事时,他们会一个接一个地反复沟通,以敲定故事的构建模块。什么是显而易见的?当他们都坚持一个共同的框架时,他们可以很快达成一致。

第 18 章 团队演示：谁做什么

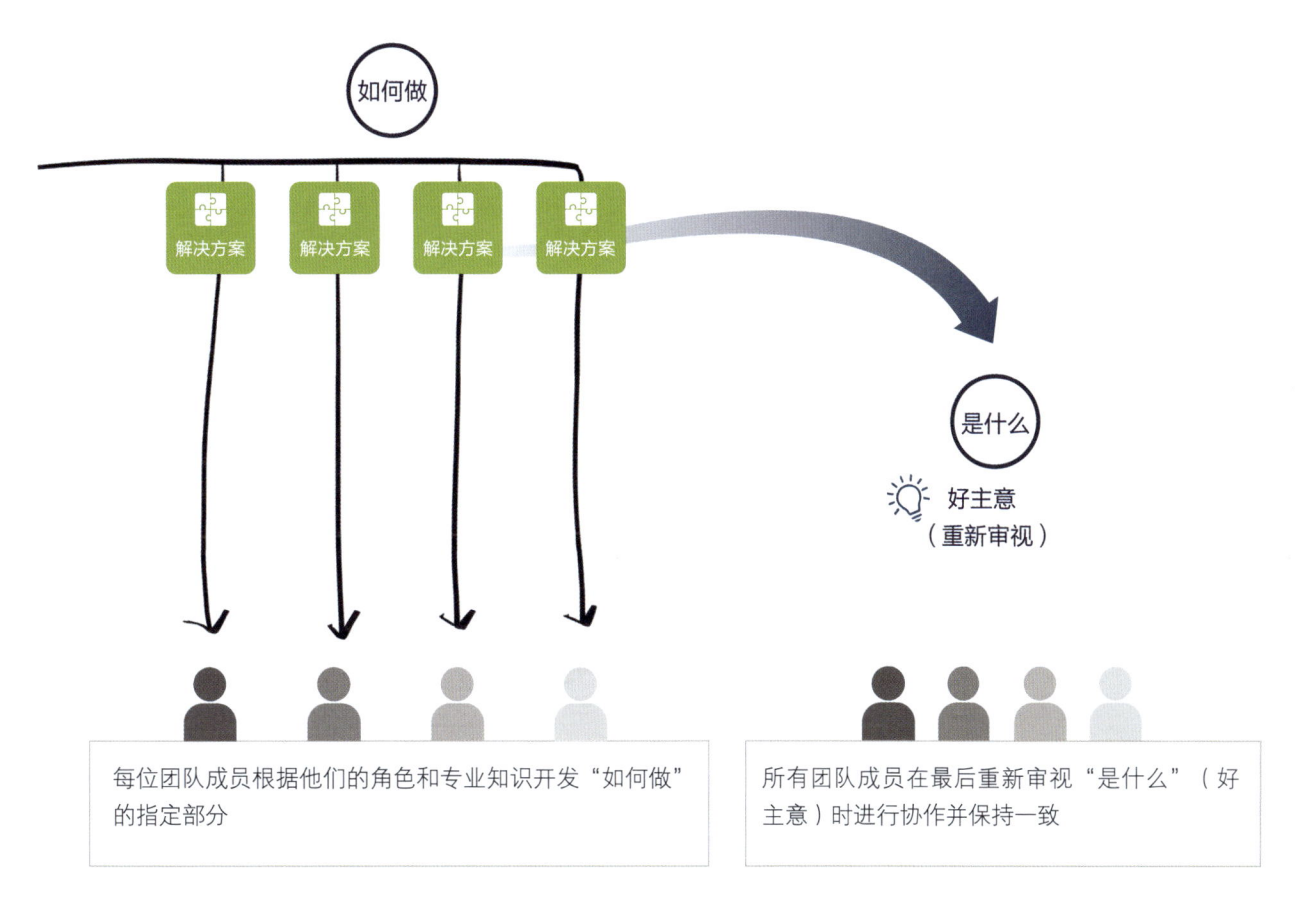

```
                        如何做

        解决方案  解决方案  解决方案  解决方案

                                              是什么

                                          💡 好主意
                                           （重新审视）
```

| 每位团队成员根据他们的角色和专业知识开发"如何做"的指定部分 | 所有团队成员在最后重新审视"是什么"（好主意）时进行协作并保持一致 |

在仔细考虑了受众后，团队必须决定如何建立背景，介绍人物，并揭示冲突，以真正让受众关心自己的解决方案。正如在第 16 章所说的，这需要你认真看待你的受众可能拥有的多种视角。

213

一旦你的团队（热情地）就"为什么"和"是什么"达成共识，你就可以进入"如何做"的部分了。这个部分是你介绍解决冲突的不同途径的地方。把它想象成你的解决方案的很大概述视图。

构建这个概述是一个高度迭代的过程，是为了让团队进入单独领域单独工作。

在业务演示中，这个部分可以通过一个预览页面来完成，该页面可以直观地"分时段"解析每个部分（建议3~5个时段）。

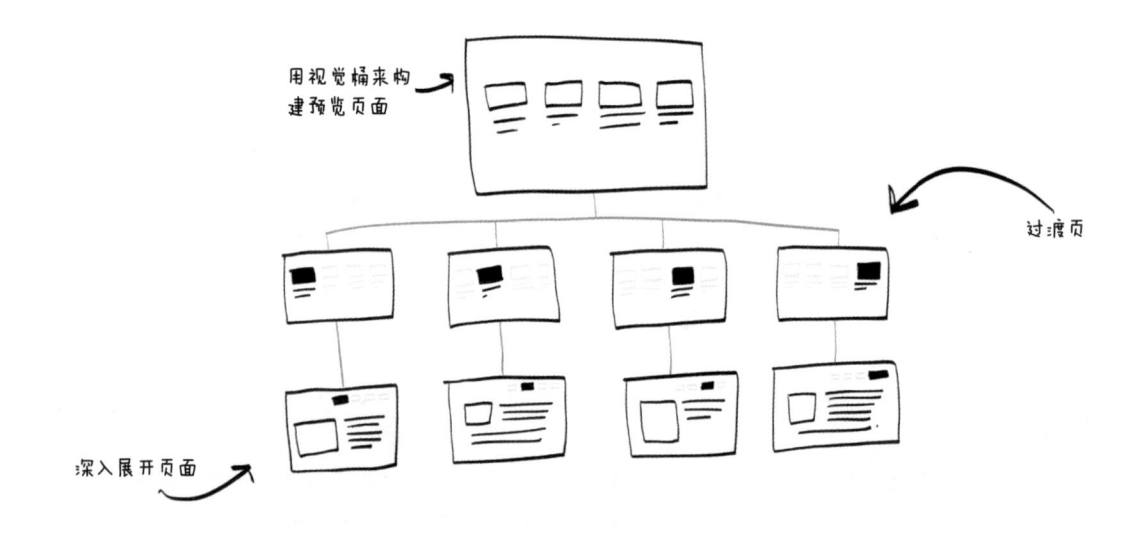

用视觉稿来构建预览页面

过渡页

深入展开页面

当页面的任务建立后，团队可以将它们分开，并单独构建它们在故事解析中的部分。在这一点上，每个人都准备好了依靠自己，因为他们都参与了故事框架的创建。特别是，在故事的冲突上合作后，每个人都有一个精确的目标以展示他们的解决方案。

团队中每个人都有一个精确的目标以瞄准解决方案中自己的部分，他们还必须牢记好主意，将其发扬光大，直到最后。团队成员也能很好地参考背景和人物，绘制参考资料，当然，还可以随时将标题之间的点联系起来。

一个预览页面让每个演讲者
深入掌握他们的内容
（并链接到下一个内容）
而不会失去流量。

在讲故事的过程中，主线很容易迷失。但对于团队故事来说，人们一直担心一个或多个人会偏离正轨。在"为什么"、"是什么"和"如何做"的这些部分上合作，并构建预览页面将确保每个人都聚焦于他们在更大的协作"舞蹈"中扮演的角色。

那么你该如何完成故事构建？团队成员总是一起沟通，必须重新组合，将他们的碎片连接起来，并确保他们都能回到（经常重复的）好主意。而且，如果你回想一下第8章中构建你的好主意的简单路径，你会发现作为一个更长的"是什么/利益"的陈述而建立的好主意更像是一则圆满结束的插播广告。

传达一个团队故事

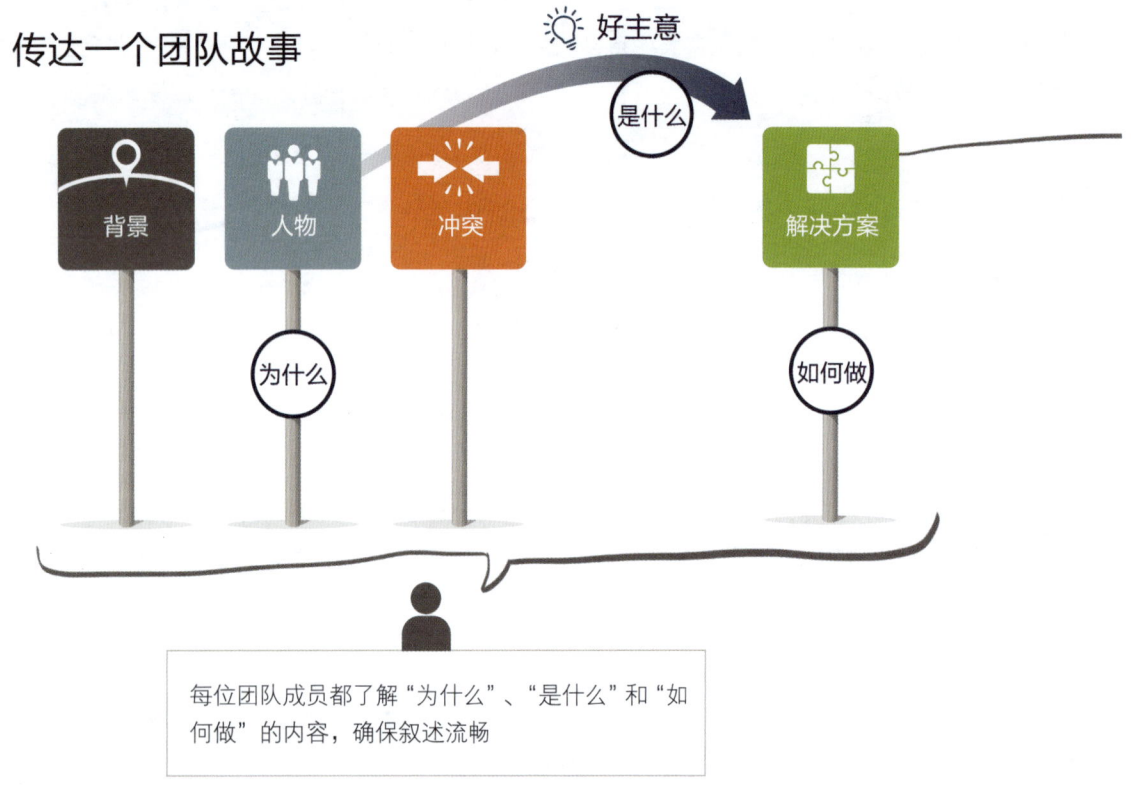

💡 好主意

背景 — 为什么
人物
冲突 — 是什么
解决方案 — 如何做

每位团队成员都了解"为什么"、"是什么"和"如何做"的内容，确保叙述流畅

现在该"跳舞"了

我们将传达团队故事称为"跳舞"，因为这需要编排。

正如我们所提到的，在构建阶段，团队成员一起来确定故事的"为什么"和"是什么"。之后，他们可以各自完成"如何做"的部分。最后，他们再在一起，以确保所有内容能够连接在一起。

团队故事的传达方式与个人讲故事不同。团队故事是由一个独舞者——演出的主持人或司仪来介绍的。他的工作

第 18 章 团队演示：谁做什么

如何做

解决方案　解决方案　解决方案　解决方案

多位团队成员使用一个预览页面在演示者之间进行转换来演示"如何做"

是什么

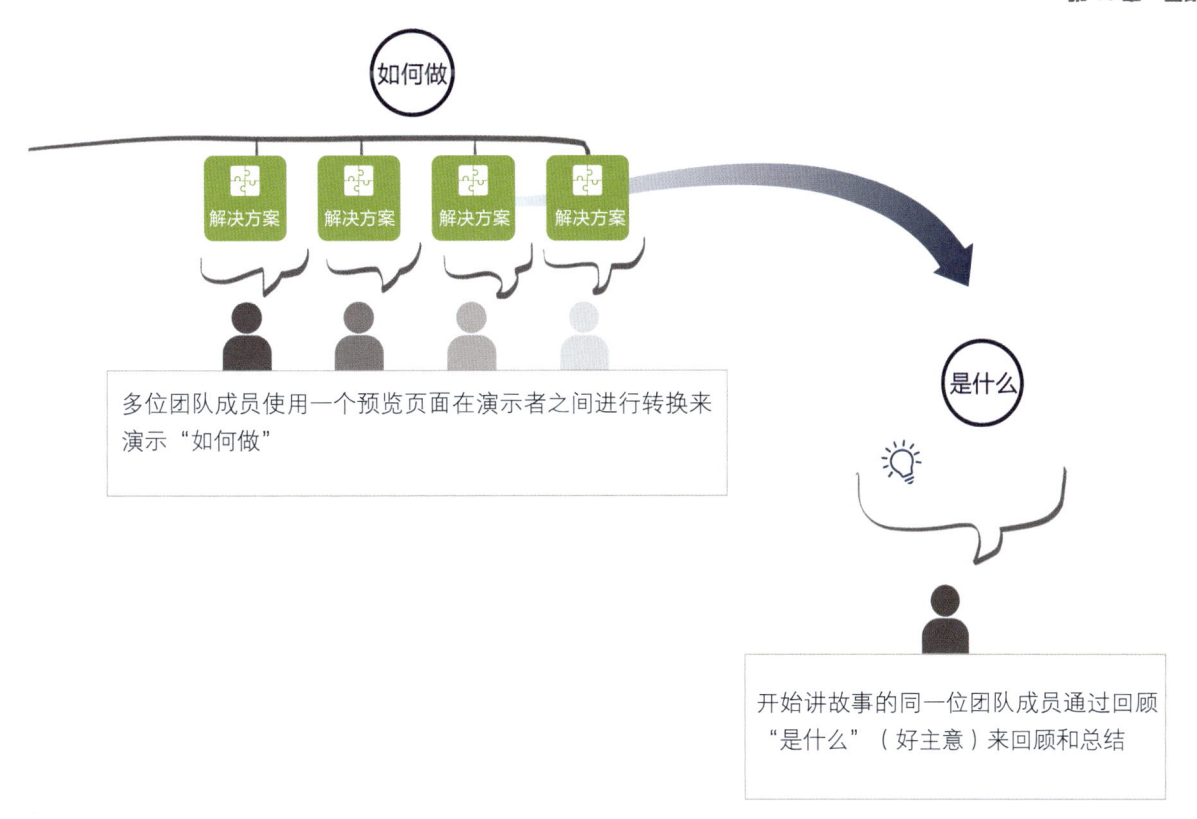

开始讲故事的同一位团队成员通过回顾"是什么"（好主意）来回顾和总结

是建立背景，介绍"为什么"（背景、人物和冲突）、"是什么"（好主意），并概述"如何做"（这就是预览页面派上用场的地方）。之后团队的其他成员带着各自的"如何做"出现。最后，独舞者再次出现，重申了好主意并结束了演示。这种精心设计的"舞蹈"确保了所有故事元素的流畅性，同时尽量减少说话者之间的干扰。它非常适合团队成员亲自或在线传递故事。对于团队成员来说，无论有没有视觉效果，无论是面对面还是在线传递故事，它都非常有效。以下来看一个真实的团队故事是如何构建和传达的。

故事思维（视觉版）：借助视觉打造吸引人的故事

团队展示　什么有效果

01

尽管最近面临全球挑战，但行业预测显示，乘客数量将在2040年翻一番

410万 当今
580万 2030
820万 2040

02

增长主要来自亚洲，其中印度的新乘客增长百分比最高

美国 +59%
中国 +167%
印度 +262%
泰国 +118%
印度尼西亚 +219%

马尔科传达"为什么"

背景 & 人物

06

我们赢得关键人才的计划

正确的人：根据层级和文化找到合适的候选人
下一阶段关注点：聚焦发展女性飞行员
渠道：找合作方寻找潜在人才

马尔科用一个预览页面做概述

07

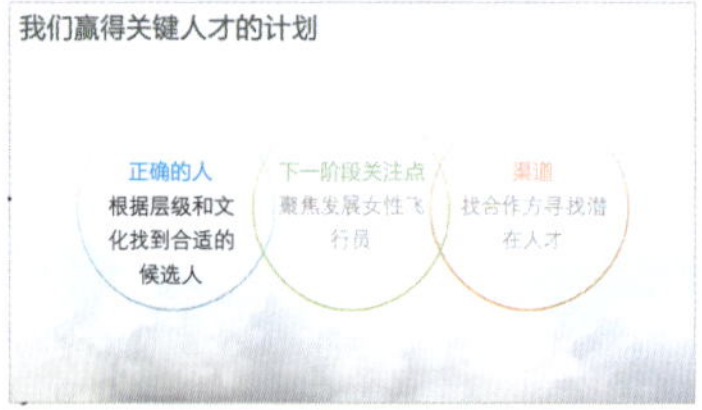

我们赢得关键人才的计划

正确的人：根据层级和文化找到合适的候选人
下一阶段关注点：聚焦发展女性飞行员
渠道：找合作方寻找潜在人才

过渡的预览页面在演讲者之间切换

解决方案

08

发现正确的人

- 制订指导计划，确保飞行准备就绪
- 实施新的能力差距和绩效评估方案
- 启动自适应、数据驱动的、定制的培训
- 实施新的筛选和确认流程

50% 截至2023年飞行员迅速接收率
18万 在飞行员总数差距未来10年将为此数

来源：CAB航空公司飞行员需求展望——10年展望

查理深入展开介绍第一个解决方案

12

建立渠道

- 与主要航空教育机构合作，开发飞行学院项目
- 资助或赞助高潜力人才
- 实施新的薪酬模式
- 启动入职前培训计划

35%与10年前相比，去年完成学术试点项目的学生减少了
125美元/2.5万美元成业融资课程的平均成本，获得适格的飞行小时数

Source: Erns

米歇尔深入展开介绍第3个解决方案

13

我们赢得关键人才的计划

正确的人：根据层级和文化找到合适的候选人
下一阶段关注点：聚焦发展女性飞行员
渠道：找合作方寻找潜在人才

解决方案

回顾解决方案和演讲者之间的最后连接

14

我们强有力的飞行员人才策略将确保我们不会落后

好主意

马尔科重温好主意

218

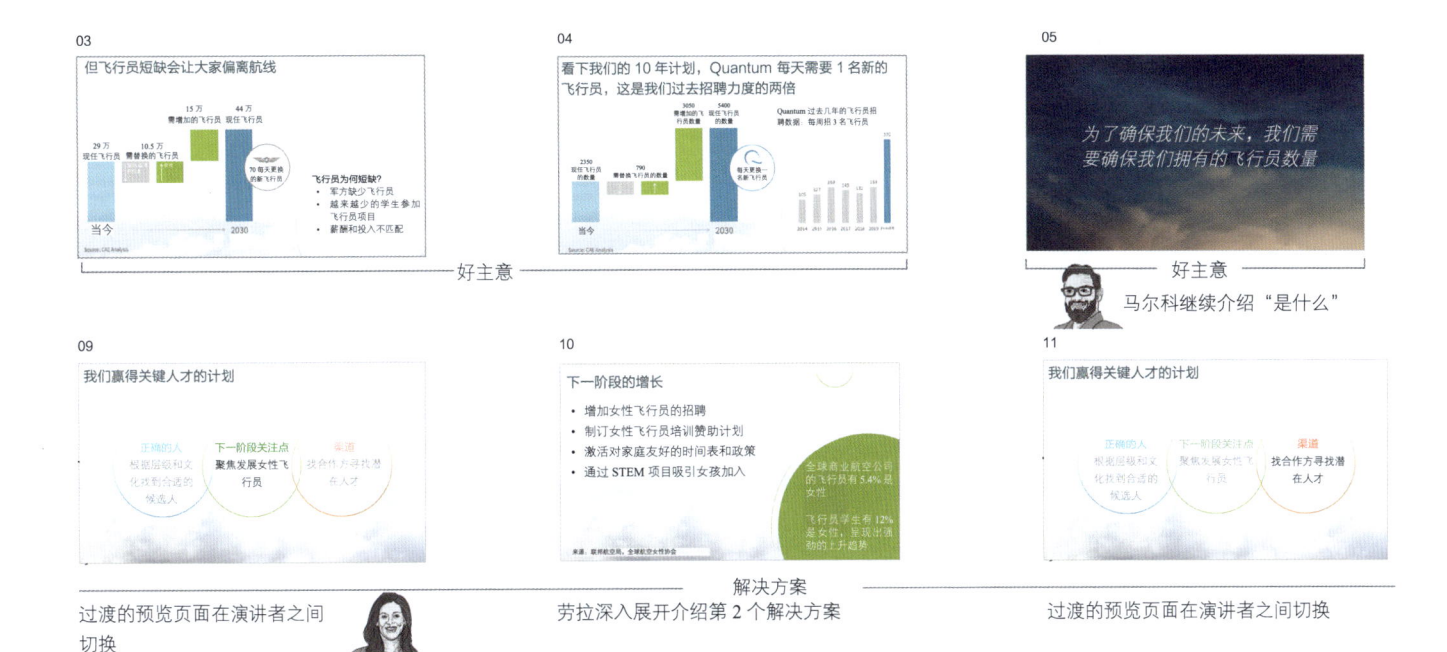

案例研究

一个团队关于飞行员的使命

为了了解一个真实的团队故事是如何构建和传达的，重温一下第 10 章中的关于 Quantum 的故事。Quantum 的团队成员马尔科、劳拉、查理和米歇尔必须建立一个平台来解决即将到来的飞行员短缺问题，这可能会严重阻碍

Quantum 的发展。

以下是每位团队成员在传述 Quantum 相关故事中的人物介绍。人力资源副总裁马尔科是会议主持人。他首先介绍了故事背景（不断发展的航空业）、人物（乘客、航空公司）和冲突（由于飞行员短缺，航空公司无法满足乘客需求）。

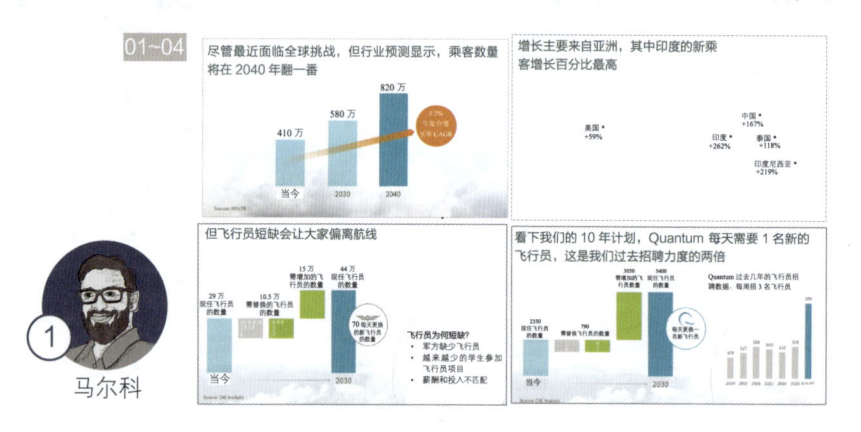

01~04

马尔科

演讲者1：传达"为什么"（背景、人物和冲突）

随后马尔科向受众展示了他的好主意。

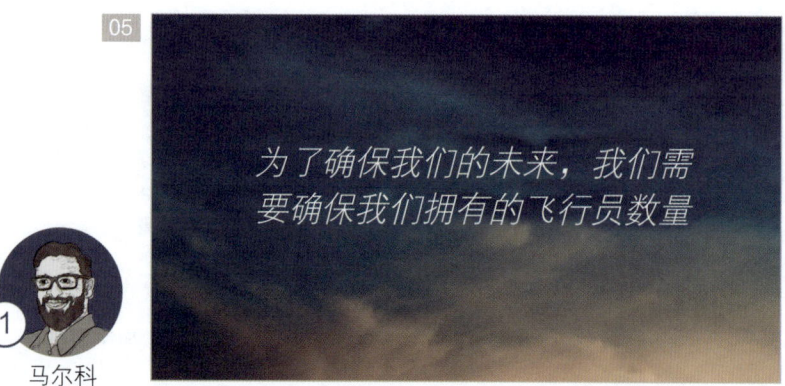

05

为了确保我们的未来，我们需要确保我们拥有的飞行员数量

马尔科

演讲者1：继续介绍"是什么"（好主意）

第 18 章 团队演示：谁做什么

此时，马尔科还预告了该团队的解决方案，即他们将如何解决飞行员短缺问题，并满足全球对更多航班的需求。马尔科展示了该团队的预览页面，这是一个清晰的视觉提示，指出了团队提出的 3 条解决飞行员短缺危机和获取新人才的途径。他回顾了 3 个任务，在预告中，它们都是全彩显示。

演讲者 1：使用一个预览页面预告了"如何做"（解决方案）

然后，通过一个简单的过渡 PPT，马尔科将接力棒传给了飞行员招聘总监查理·吴。

过渡页面在演讲者之间切换

当查理和下一位演讲者交接时，他把PPT调到了一个过渡页面，显示了整个解决方案的路径。这条路径通过"突出和隐藏"的视觉技巧变得非常清晰，顺其自然地向下一位演讲者发出了将从哪里开始的信号。值得强调的是，无论如何，当你从一位演讲者转向另一位演讲者时，你都不想失去故事的动力。作为构建的一部分，这些过渡应该用一个简短的、30秒的过渡页面展示在故事中，以避免演讲者之间尴尬的摸索。虽然，这增加了PPT数量，但这是值得的，因为它为故事提供了框架。更进一步来说，在演讲者之间预先编写语言转换脚本是一个很好的主意，可以帮助设计一个超级顺利的交接，并确保丰富的、内容驱动的过渡。但是要注意，你说的任何话都不能打断故事的发展。

> 演讲者的转变
> 应该始终由内容驱动，
> 而不是由下一位
> 发言人驱动。

因此，马尔科不会通过演讲者进行过渡，并说出人们通常所说的话（"查理将继续下一部分"），而是通过预览显示页面和介绍故事的整个解决方案来过渡内容："我们将讨论解决飞行员短缺问题的 3 种途径：找到合适的候选人，专注于雇用女飞行员，以及通过合作拓宽我们的人才渠道。"（他切换到过渡页面。）"我们的飞行员招聘总监查理将首先展示我们将如何找到合适的候选人。"在这一点上，查理接着介绍第 1 个解决方案，并深入介绍了飞行员培训、评估和筛选等。

08

发现正确的人

正确的人　下一阶段　渠道

- 制订指导计划，确保飞行准备就绪
- 实施新的能力差距和绩效评估方案
- 启动自适应、数据驱动的、定制的培训
- 实施新的筛选和确认流程

50% 的计划 2023 年飞行的飞行员还没有开始训练

18万 名飞行员必须在未来 10 年转为机长

来源：CAE 航空公司飞行员需求展望——10 年展望

② 查理

演讲者 2：深入介绍第 1 个解决方案 ←

当查理完成介绍后,他会再次打开过渡预览页面。然而,这一次的亮点是第 2 部分:关注下一代,接下来邀请培养人才多样性的专家劳拉·辛格来介绍如何雇用更多的女性飞行员。同样,这种转变是由内容驱动的,而不是对下一位发言者所讲的大量口头序言。

过渡预览页面在演讲者之间切换

演讲者 3:开始深入展开介绍第 2 个解决方案

最后，劳拉将 PPT 传递给培训与发展总监米歇尔·德安杰洛，她闪现了过渡预览页面，提出了如何扩展新飞行员的渠道的话题。

幻灯片 11：我们赢得关键人才的计划

- 正确的人：根据层级和文化找到合适的候选人
- 下一阶段关注点：聚焦发展女性飞行员
- 渠道：找合作方寻找潜在人才

③ 劳拉 → ④ 米歇尔

演讲者 3：开始深入展开介绍第 2 个解决方案

幻灯片 12：建立渠道

- 与主要航空教育机构合作，开发飞行学院项目
- 资助或赞助高潜力人才
- 实施新的薪酬模式
- 启动入职前培训计划

35% 与 10 年前相比，去年完成学术试点项目的学生减少了

12.5 万美元 完成商业航空课程的平均成本 + 获得资格的飞行小时数的花费

Source: Emsi

④ 米歇尔

演讲者 4：深入展开介绍第 3 个解决方案

米歇尔完成她的部分后,她再次浏览了完全突出显示的预览页面,回顾了团队规划的 3 条路径。重复这张 PPT 既可以很好地回顾解决方案,又可以直观地切换到马尔科以结束故事。

13 我们赢得关键人才的计划

4 米歇尔

1 马尔科

正确的人
根据层级和文化找到合适的候选人

下一阶段关注点
聚焦发展女性飞行员

渠道
找合作方寻找潜在人才

回顾解决方案并最终从演讲者4切换到演讲者1

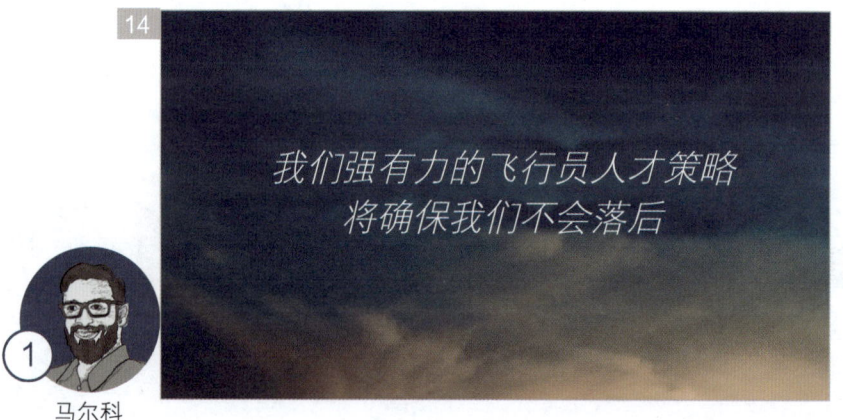

14

1 马尔科

我们强有力的飞行员人才策略
将确保我们不会落后

演讲者1:重温好主意。

马尔科的结尾是以一个更具震撼力的声音片段重新强调好主意。这是一个用稍微通俗易懂的方式重申演示目的的好方法。(比起使用和以前完全相同的话语,这样会减少重复的感觉。)但是,只有在感觉自然的情况下,才使用声音片段。不要强迫任何事情。你永远不想在故事的最后引入混乱。

小结

制订计划,做好准备

在某种程度上,每个人都将在一个团队中工作,必须协调和传递想法,以推动重要的业务向前发展。因此,当你与他人合作,准备下一次大型会议或演讲时,一定要有一个计划和流程来指导你的故事的构建和演讲的编排。记住,这不仅适用于任何规模的团队,而且至关重要。

值得注意的是:Quantum 的相关故事中的编排并不一定要与视觉故事联系在一起。在非正式的场合,从一位成员到另一位成员的交接也可以用口头沟通。然而,因为人既是听觉学习者又是视觉学习者,所以对于团队故事展示,视觉化将帮助你引导受众关注,并更好地记住你的想法。

第 19 章
当你的受众是虚拟的时

你终于要和一屋子的决策者开一个重要的会议了。唯一的问题是什么？"房间"是虚拟的。

因为通常用于面对面会议中的 PPT 总是需要精简有效且经过良好测试，所有忙碌而聪明的你或业务人员总想节省时间。你会想：难道我不能用虚拟的方式讲述同样的故事吗？

不，你不能。

在网络环境中讲故事是不同的。你在会议室里无数次使用的同一套演示（或培训）在虚拟会议中的效果会大不相同。

有什么不同？

> 虚拟会议是在你的故事、
> 视觉效果和你的出席之间
> 精心编排的"舞蹈"。

为了能够完成虚拟会议的"舞蹈"，你需要 3 个重要的因素。

1

讲清楚故事

在任何会议上，你都必须对你的故事了如指掌，但是当每个人都在屏幕后面时，你不能冒险。使用基本的线性故事结构准备充分的叙述是必需的。

2

内置规定的交互

为什么预先计划的内置交互是必要的？因为虚拟世界在自然肢体语言或正常对话的地方留下了巨大的缺口。你必须与你的受众建立一种"自然"的联系。

3

让你的虚拟存在感飙升

带着一个准备充分的故事出现，包括视觉和语言提示来指导互动，会让你显得灵活和反应快速。在内心深处，你会感到放松、可控和自信，这最终会让你的虚拟存在感飙升。

如何在任何故事中插入规定的互动

你可以使用交互式 PPT 直接在故事中建立频繁的互动机会。什么是交互式 PPT？本质上，它们是"引导虚拟流量"的 PPT。它们直观地向你的受众展示他们在任何给定时刻需要知道或做的事情。这些视觉上的停顿可能预示着问答、检查受众理解程度的快速投票、聊天中的讨论、虚拟白板上的头脑风暴会议，甚至小组练习的分组讨论。交互式 PPT 保证了有价值的反馈机会，有助于你发现并直接满足受众的需求，而不是让你一直在演独角戏。它们是虚拟会议的生命线。

强有力的视觉提示引导你的虚拟受众的关注点，让他们知道期待什么及如何互动以下是一些互动页的示例。

现在，你可能想知道：我的互动页（是我的 PPT 组的一部分）如何与我在线可用的实际工具（如投票、白板、聊天等）共存？简言之，互动页有助于以更动态、更直观的方式将在线工具带入演示中。下面介绍这些互动页是如何协作的。

投票互动 PPT + 投票 = 高度互动的虚拟体验

你的演示内容加上互动页呈现都包含在一个文件中（你可以共享或上传到视频会议平台）。你的互动页为你和受众提供了一个视觉提示，表明你何时会暂停交互并启动特定工具。例如，你想使用投票来统计受众的选择，你应该首先显示你的互动页，然后单击以启动投票（理想情况下，你已经提前设置好了）。视觉符号和工具的这种组合带来了一种引导良好、高度交互的虚拟体验。

提醒

视频会议平台提供了各种奇妙的互动功能和工具。但是工具从来不是万能的。它们应该被有意地使用，而不仅是因为它们是可用的。你的目标应该永远是在你和虚拟受众之间创造有意义的双向对话。

例如，投票或分组讨论室不适合只有少数参与者的会议。相反，小组将受益于更亲密的互动，如聊天中的讨论或通过白板注释的头脑风暴会议。相反，如果你的受众很多，那么发起一次投票，暂停正式的线程问答，或者使用虚拟的分组讨论室都是很好的选择。同样，这是根据受众规模谨慎使用正确的工具。

这里有一个快速参考，可以帮助针对不同的受众使用一些常见的虚拟工具。

	小（1~10人）	中等（11~50人）	大（50人+）
突破会话	✗	✔	✗
聊天	✔	✔	✗
反馈工具	✗	✔	✔
投票	✗	✔	✔
问答	✗	✔	✔
白板	✔	✔	✗

有计划的虚拟互动比面对面使用的 PPT 更多

在理想情况下，每 3~5 分钟或更短的时间内需要设计一次互动，因为如果你超过这个时间，你的虚拟受众就会离开。这意味着你用于视频会议的 PPT 可能会比你在进行面对面演示时使用的要多。

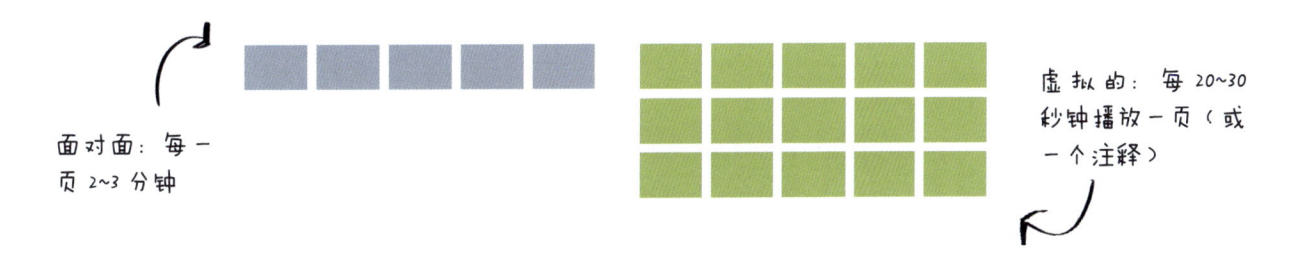

面对面：每一页 2~3 分钟

虚拟的：每 20~30 秒钟播放一页（或一个注释）

如果你仍然不确定如何规划你的虚拟互动，考虑 3 个问题：我想多久签到一次？我在寻找什么类型的信息？什么样的反馈将帮助我最好地在线浏览我的故事？记住，一切都归结于预测受众的需求，并获得会议的预期结果。

案例研究

计划中的互动

让我们在一个真实的商业故事的上下文中看看互动页。以下是世界著名睡眠专家、Shleep 首席执行官埃尔斯·范德·赫尔姆博士的演讲。Shleep 的公司项目帮助组织通过睡眠"投资"保证员工的健康状况，从而提高组织的整体绩效。这个故事是范德·赫尔姆博士准备向组织中的人力资源主管所讲述的。

故事思维（视觉版）：借助视觉打造吸引人的故事

234

第 19 章 当你的受众是虚拟的时

04 在晚上，有一些人找不到"关闭"开关
我们把自己并生活在一个充满诱惑的世界里，即使太阳落山也不会停止。《新闻周刊》，2015年1月

05 事实上，20%的成年人的睡眠少于6小时
（比上一代人少了整整1小时）

06 闲聊
睡眠不足会有什么后果呢？
输入你的答案在此页面上

背景&人物 ⟶ 互动

10 我们需要休息和恢复才能保持高水平的表现
断电充电的简介：
一个量身定制的睡眠计划，实用和有效的工具、技巧，可以帮助你最大限度地提高睡眠质量，享受你的"休息时间"

11 基于现代睡眠科学

12 从了解自己开始
发现：① ② ③
了解睡眠不足如何影响你的精力和工作投入 / 这些习惯可能会让你睡不好觉 / 你的睡眠模式以及它们是如何导致你夜间睡眠不足的

好主意 ⟶ 解决方案

16 让我们一起来探索断电和充电的力量
想了解更多关于这个睡眠项目的信息，请通过name@email.com联系

17 Q&A
对项目有什么问题吗？
可以在此页键入问题

好主意 ⟶ 互动

235

注意互动是如何与叙述相结合的。它以一个开放的讨论开始：这可能是一个为会议建立预期结果的机会，或者在这种情况下，是一种使话题升温的方式。范德·赫尔姆博士要求受众反思和分享自己目前的睡眠习惯。然后，她介绍了背景和角色，以建立故事的背景：在我们的工作日，我们（人物）总是"运转"着，是设备的奴隶，努力赶在最后期限完工，努力让人惊叹（工作背景）。但到了晚上，我们找不到"关闭"开关。她提供了支持数据：20%的美国人睡眠时间少于6小时。这个背景应该描绘出一幅熟悉的画面，即在受众的世界中正在发生什么。但是（这一点很重要），此时范德·赫尔姆博士并没有认为受众与她的人物和背景有关。相反，她又停顿了一下，问道：如果我们睡眠不足，会有什么后果？

现在，她才引入冲突，以显示如果受众不采取行动会有什么风险。她的数据显示，睡眠不足会扼杀人们的行为技能、创造力和整体健康。之后，她又一次停顿了一下，介绍了一项投票，以衡量这场冲突在受众中引起了多大的共鸣，以此吸引受众。接下来，她开始了她的演讲（记住，这是她希望观众记住的一个关键信息）：我们需要休息和恢复才能保持高水平的表现。最后，范德·赫尔姆博士展示了解决方案，展示了她的睡眠计划是如何解决不良睡眠习惯的。她以最后一张视觉化互动 PPT 结束，以引出关于她的解决方案的问答讨论。

那么，底线是什么？虚拟会议不同于面对面的会议。你不能只是入会，播放 PPT，并期望交互奇迹般地发生。你必须从头到尾精心设计交互，将其注入到结构良好的故事中，包括"为什么"、"是什么"和"如何做"。尝试一下，你会发现虚拟会议不仅不会尴尬或无聊，反而会非常有成效。

让你的虚拟存在感飙升

这样你就有了一个坚如磐石的故事，其中包含了大量预先计划好的互动，这些互动是专门为虚拟环境设计的。但人的因素也不容忽视。最后一点是把所有人团结在一起的存在感。什么是存在感？例如，使用预先计划好的视觉停顿与受众互动，但一定要警惕长时间的沉默或延迟的反应。如果你感觉自己注意力不集中或失去了一致性，那就检查一下 PPT。放慢叙述速度，加入一些即兴互动总是比完全失去人的关注要好。

还有一种提升你的虚拟存在感的方法是口头强化你的交互式 PPT 在屏幕上的视觉传达。为什么？因为在发起投票或暂停问答等活动时，你可能会遇到一些尴尬的沉默。受众需要一点时间来思考和处理你刚刚要求他们做的事情。

因此，准备一些设定好的话来填补沉默时段。这里有一些例子可以帮助你开始。

在投票期间可以说什么

> 我想听听你的意见，让我们以一个简短的投票开始吧……

> 你是同意还是不同意？请花点时间投票，记得单击提交按钮。

> 让我们快速地得到你的反馈……我准备开始投票了……

需要反馈的时候说什么

> 如果你想问题，可以举手或取消静音。我非常期待听到你的反馈。

> 如果你能够听到我的声音，请举下手。

> 大家还有什么问题吗？如果有，就单击绿色标记，否则就单击红叉。

当想要开始一个闲聊讨论时可以说什么

> 转到聊天页面。我们刚刚发了一些重要的链接,供大家会后参考。

> 如果你有建议,请直接在聊天框中输入,然后发送给大家。

> 请花些时间从聊天框发给我你的反馈,我很期待!

小结

虚拟会议将继续存在

每个人都需要为领导一次成功的虚拟会议做好准备。尽管在线会议缺乏面对面会议所拥有的那种肢体语言,但对虚拟肢体语言进行设计是绝对可能的。如果你准备了一个坚如磐石的故事,并有大量预先计划好的互动,你一定会进行一次平稳、可控的会议,从头到尾都能满足受众的需求。

最终,你获得的控制力和灵活性将大大增强你的信心,让你的高管地位飙升。

重点回顾

为不同的受众改编故事
你有你的受众宣言

要建立一个强有力的故事,永远记住你的受众。首先,从受众的一些基本问题和考虑开始。我们还概述了商业沟通中出现的一些常见场景,这些场景要求你对自己的故事进行调整。再次强调,一切都从受众和基本线性故事结构开始。

1 受众至上

受众应该永远是你故事中的第一考虑因素。尽可能调查受众的观点和角色,这会影响你故事的顺序和细节层次。

2 轴心点策略

你最苛刻的受众是时间紧迫的高管,他们试图快速做出决定。你最好的策略之一是准备好以非线性的方式讲述你的故事,并着眼于解决满足他们当下需求的问题。

3 受众不同

单一规模的受众并不适合所有人。准备好扩展你的故事,直接面对不同需求的受众。

还可能有其他许多原因，所以你可能需要扩展、收缩，或者多样化你的故事结构。这些只是一些最常见的。如果你坚持你的基本线性故事结构，你将永远拥有充分利用每次商业对话所需的控制权。受众＋结构＋一个灵活的故事，这就是你需要关注的地方。

4

不超过 3~5 张 PPT

作为控制超长会议的一种方式，人们经常被限制为只能有几张 PPT。不要担心，你可以截断你的故事路标，用足够的时间来完成一个有意义的解决方案。

5

团队讲故事

团队故事应该建立在一个共同的框架上，并像编排好的舞蹈一样传递。一起决定"为什么"、"是什么"和"如何做"，以便在分开后知道如何完成各自的"如何做"。

6

虚拟受众

虚拟受众是不同的，你必须相应地调整你的故事。有一个完善的叙述，充满预先计划的互动，使用语言和视觉线索。结果如何？你会成为一个更加灵活、反应敏捷、自信的故事讲述者。

第 6 部分

现在一起——

建立讲故事的共同语言

第 20 章
培养故事教练文化

做得很好。你已经掌握了讲商业故事的基本知识。你发现了一个伟大故事的组成部分，理解了一个标题的关键作用，并学会了制作醒目的标题。你已经看到了几十个实际操作的例子。我们希望你能受到启发。

但为了确保你（和你的同事）每次想要推销你的想法时都能抓住这些工具和这个系统，它们必须嵌入到你的日常流程中。更重要的是，它们需要成为你的组织文化中的一部分。

当讲商业故事被灌输到一个
组织的文化中时，它会产生最大的影响。

我们都目睹过商业趋势席卷城市，然后迅速离开（就像我们现在几乎不知道"黑莓"这个品牌了）。讲故事不是其中之一。记住，讲故事已经有几千年的历史了，只是通常不是为了促进商业发展。所以你如何才能从"嘿，讲故事听起来像是我们应该做的事情"转变为将其变成团队的日常实践？

首先要建立和加强一种讲故事的文化，这种文化将渗透到你的团队、部门中，最终渗透到你的组织中。

令人惊讶的是，它并没有那么复杂。事实上，让组织中的每个人都讲"故事"需要在日常流程中做出一个主要改变：教练。

你需要定期接受管理者和同伴间教练。这需要管理者带头。

自上而下和同伴间的教练

如今，管理者被期望做的不仅是发布指令或做保持距离的顾问。伟大的经理也是伟大的教练。他们支持和教练员工，帮助他们在自己的角色中成长。他们还会做其他事情：加强团队之间的教练实践。

当管理者鼓励大家同伴间教练和高度协作时，效果会显著不同。乔希·贝尔辛是一名行业分析师，也是德勤贝尔辛的创始人，他研究了教练的效果，发现系统的、管理驱动的教练可以培养出更好的领导者，并提高了员工的留存率。

所以你可能会想：很好，但是教练和讲故事有什么关系呢？很有关系。当管理者或同伴之间的教练定期融入故事构建过程时，讲故事的技能就会飙升。接受教练可以帮助人们了解他们如何编辑自己的想法、见解和数据，并将它们编织成一个强有力的故事，遵循一个清晰、合乎逻辑的路径。更重要的是，教练帮助他们的队友确定他们的故事是否很好地针对目标受众。

> 在我们的故事发展过程中,
> 同事和管理者的教练越多,
> 它就越会渗透到更大的文化中。

最重要的是,如果有规律地进行教练,各个层次的讲故事能力都会迅速提高。

故事教练从管理者开始

对于所有想要鼓励团队讲故事的管理者来说,这是个好主意!但要提醒的是:推动这一变革的关键权力在很大程度上掌握在他们手中。毕竟,管理人员负责锁定日常的团队流程,讲故事与其他流程没有什么不同。如果这些管理者想让它成为员工的第二天性,他们就需要树立榜样。

管理者必须向员工发出信号，即使最初失败了，分享想法也是安全的但是，这种定期协作存在一些障碍。第 1 个障碍是时间。我们似乎都在为迅速交付一切而竞争。关上门，自己构建故事似乎更快。但是仓促地传递我们的想法总是短视的。接受定期故事教练的人发现，这实际上为他们节省了时间，因为他们（被教练后）的故事总是会产生一个更强大、更简洁的最终产品。这是事实。定期教练使人们更善于定位和推销自己的想法。

第 2 个障碍是，人们在分享可能没有经过充分考虑的想法时，往往会感到不舒服。他们担心自己会做错，看起来很傻，或者看起来很业余。因此，要真正培养一种优秀讲故事者的文化，管理者必须尽其所能减轻团队对分享的不安全感。

当管理者定期教练他们的员工，并向他们保证迭代和犯错是可以接受的时，团队就会开始觉得互相教练更舒服。然后一个更大的利益出现了……一种共同的语言。

同伴间的故事教练让团队用"故事"说话

业务故事很少是由一个人单独准备和交付的。更常见的情况是，作为团队任务的一部分，人们在策略上进行合作。（有关这方面的更多信息，请参见第 18 章内容。）

当每个人都使用一个共同的故事框架、一个独特的词汇（如 4 个路标™、"热词"、醒目的标题），并普遍拥有一个共同的故事思维模式时，这个任务就会变得无比容易。

教练和被教练会让你讲故事更流畅，让团队讲故事更顺畅。

> **阅读指引**
>
> ## 教练时到底需要做什么
>
> 教练时不仅是提建议,而是有质疑。
>
> 在畅销书《教练习惯,少说多问 & 永远改变你的领导方式》中,迈克尔·班盖·斯坦尼尔提出了一个至关重要的观点,即提出叙事背后的问题是任何教练的核心工作。
>
> 人不一定天生就是伟大的教练,但学会如何系统地质疑故事中的逻辑和假设并不难。既然故事教练是从管理者开始的,我们就从他们开始吧。

第 21 章
管理者强化讲故事的 5 种方式

以下内容是专门为管理者（未来管理者）量身定做的。管理者通过使自己成为模范教练并鼓励团队相互教练来推动讲故事文化。这可不是一件小事。所以，为了让你的角色更清晰，以下提供 5 种方式，使你可以立即创造并加强讲故事和故事教练的文化。

1. 向员工强调受众是谁

即使类似的故事像产品推介一样一次又一次地呈现，受众也会发生巨大的变化。人们可能来自不同的行业，扮演不同的角色，在不同的层次上做事。管理者能够最好地教练讲故事的人的方法之一是提醒他们仔细考虑自己将面对谁，并确保他们已经改变了故事，以最适合特定的受众。

2. 提醒团队：讲故事的机会无处不在

一旦团队学会了经典的讲故事结构，以及如何将其应用到商业故事中，使用它的机会是无限的。特别是当团队成员对讲业务故事相当陌生时，管理者应该鼓励他们找到在所有沟通类型中使用该框架的方法。这可以包括电子邮件、营销材料、电话交谈或电梯游说。

每次管理者指出这些机会，都有助于丰富人们的意识，并建立讲故事的文化。

3. 鼓励持续的同伴间教练

管理者应该尽其所能建立模型，并将同伴间教练整合到故事构建过程中。最好的开始方式是什么？正式一点。分配同伴间的教练对象或让团队成员自行选择合作伙伴。

为了真正加强教练做法，让团队成员在员工会议上分享教练的结果。让他们讨论：

- 你的教练路径是什么？
- 教练课程是如何从头到尾改变故事的？
- 这个故事的最终结尾是什么？

以上是使个人看到同伴间教练价值的最明显方式。（更多内容见第 22 章。）

4. 设定高期望值……与真正的职业发展承诺

管理者应该确保这个信息是明确的：虽然讲故事是一项伟大的技能培养练习，但最终目标是显著提高业务成果。确保你对团队成员的工作寄予厚望，并要求他们以明确、切实的结果讲述故事。故事应该始终建立在实现目标上。

5. 考虑正式的讲故事培训

真正认真鼓励广泛讲故事文化的管理者应该提供正式的培训。培训是一种有效的方式，可以让团队一起学习策略、提出问题、接受同伴间和专业的教练辅导，并准备好立即将他们的学习应用到工作中。最好的是，优秀的教练总是会提供大量的强化工具来帮助人们在学习结束后的很长时间内使用它们。

小结

故事会促进公司和职业目标的实现

如果你还需要一个方法来鼓励你的团队讲故事,这里还有一个好技巧:提醒员工,这些技能不仅可以帮助团队和公司实现目标,还可以帮助他们在自己的角色中成长,促进他们的职业发展。对于管理者来说,没有什么比教练辅导一个人、看着他们掌握讲故事的技巧、学会自信地"掌控整个房间"更令人满意的了。管理者可以对团队讲故事技巧的培养产生巨大的影响,但你知道谁最终会产生更大的影响吗?团队管理者和团队成员。

一个团队每天
互相指导才能提高
讲故事的技巧

第 22 章
同伴间的故事教练辅导的 5 个技巧

讲故事是由教练推动的，教练辅导从管理者开始。但管理者不可能一直指导他们的整个团队。讲故事文化的基石是同伴间的教练辅导。

同伴间的教练辅导从 3 个重要方面鼓励在组织中讲故事。首先，它为个人贡献者提供了一个可用的声音反馈来尝试想法。很多时候，我们孤立地工作，不要求别人的反馈，或者我们不愿意打扰我们忙碌的管理者。在友好的同伴指导环境中，人们摆脱了"窃取"别人时间的恐惧，因为有团队成员审查你的故事草稿只是故事开发过程的一部分。

其次，队友可以真正帮助彼此保持一致。他们将能够快速地帮助识别哪些地方添加了事实、数据和想法有助于加强故事，哪些地方过度分享信息会偏离主要观点。

最后，同伴间的教练辅导将帮助确定事实、数据和想法与故事结构的匹配程度。这项调查应该包括 4 个路标™、一个好主意、醒目的标题，以及其他可能加强故事影响力的东西。

以下是同伴教练应该问的 5 个基本教练问题

正如我们在第 20 章中所说：培养故事教练文化，同伴间教练必须由管理者来模仿和鼓励。好消息是，任何人都可以用一些尖锐的问题来指导队友，帮助他们对自己的想法负责。

1. 这个故事是否明确提到了 4 个路标™ 中的每一个？

这就是拥有一个超级简单的讲故事框架真正有帮助的地方。用它作为路线图，可以非常容易地"勾选"你的同伴的故事与经典故事结构的对应程度。

首先，检查故事是否真的建立了一个真实的背景：

背景 →

- ✓ 它是否揭示了受众世界的具体知识？
- ✓ 它是否阐明了他们关心的市场或公司的动态？

其次，确保它包括定义明确的人物：

人物 ↙

- ✓ 它有明确代表受众的有意义的人物吗？
- ✓ 人物是否在与观众真正关心的问题做斗争？

再次，检查故事是否建立在真正的冲突之上：

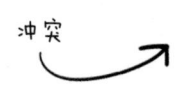

冲突

- ✓ 冲突是否表明对受众问题的理解？
- ✓ 它是否阐明了对人物（受众）的后果？
- ✓ 冲突是否源于使用如"然而"、"但是"或"让事情变得更糟……"等词明显紧张的词语或语言？

最后，确保故事的解决方案确实解决了冲突：

- ✓ 故事的解决方案令人满意吗？
- ✓ 它是否足够详细……或者太详细了？
- ✓ 这个故事是否证明，该解决方案一旦实施，将会实现好主意的利益？

解决方案

以下介绍好主意。

2. 有没有一个简洁、难忘的好主意？

作为一名教练，帮助你的同伴了解他们的好主意可能是你能提供的最重要的服务。坚实的好主意是故事框架的关键，也是最早构建的故事元素之一。以下是如何帮助他们检查它。检查：

- ✓ 你的同事对他们的好主意及它的具体利益有多了解？

[好主意] → ✓ 故事中包含的其他事实、数据或想法是否直接支持好主意？

- ✓ 有没有一种显而易见的方法可以把一个更长的好主意变成一个对话式的原声摘要？

给团队的提示：当一个团队正在一起构建一个故事时，最好尽早就好主意达成一致，以免有人试图从旧的平台上获取 PPT 和相关数据。在好主意上的一致有助于避免创造灾难性的科学怪人™。（参考第 9 章内容）。

3. 解决方案是否支持好主意？

解决方案是你同伴的故事的结尾部分。当叙述深入到细枝末节时，故事很容易偏离轨道。解决方案——可能是产品的特性、计划的时间线，或者提议的软件集成的临时里程碑，对于正确编辑是至关重要的，这样这个故事才不会陷入困境。

确保你的同伴不会因调整解决方案中提供的信息量而破坏自己的故事。询问他们：

- ✓ 这里有足够的细节让受众合理地做出决定吗？
- ✓ 是否准备好了更多细节，以防受众要求更多？
- ✓ 解决方案中包含的每个细节都推动了好主意的发展吗？

[解决方案]

> 你作为教练所提供的最大功能是编辑。

建议你的队友：细节越少越好（但总是准备得越多）。

帮助他们删去那些会拖累他们叙述的次要细节。但当你作为他们的代理受众来指导他们时，你要进一步向他们提问，以确保他们准备好应对咄咄逼人的高管或关键利益相关者。他们可能需要准备一些隐藏的 PPT，或者一份讲义，提供给那些想要深入了解的人。

4. 标题是否流畅?

教练们，现在是阅读时间。当你回顾故事的时候，要确定你的同伴从开头到结尾正确地使用了标题。问：

- ✓ 每个新标题都是建立在以前的基础上的吗？
- ✓ 每个标题都是推动故事向前发展的过渡吗？
- ✓ 标题看起来流畅吗？

正如我们在第 7 章中提到的：用醒目的标题推动你的故事发展，测试标题写得有多好的最好练习之一就是大声读出来。再强调标题本身就应该有叙事意义。

5. 还可以怎么改进这个故事？

最后一个同伴教练挑战可能看起来有点无关紧要。你的队友已经确定了他们的故事结构，他们的故事在其他所有事情上都显得很重要，并且醒目的故事标题使一切都在进行中……所以，还能做什么呢？很多。

这是你作为同伴教练的角色，帮助引导的额外推动力，这将意味着一个好故事和一个伟大的故事之间的区别。让你的队友思考：

- ✓ 为了让受众更难忘，有没有什么想法、数据或见解需要进一步强调？
- ✓ 这个故事有没有哪个部分太长了？你的同伴有没有说过，如果删去的话，会让故事更犀利？
- ✓ 有没有什么地方是你的同伴难以解释的？如果是这样，现在是时候让他们把自己的故事讲清楚了。

无论一个故事看起来多么可靠，总有办法让它进入下一个阶段。在我们这个匆忙的世界里，这最后一步通常被跳过。我们的建议是慢下来，从整体上观察这个故事，并帮助你的同伴确定最后的一些调整将使他们的故事从好变成更好。

小结

同伴间教练让讲故事的文化蓬勃发展。队友互相传递信息，并帮助人们认识到他们选择的事实和数据在多大程度上促进了这一信息。互相检查 4 个路标™、一个坚实的好主意（解决方案）和醒目的故事标题的支持，真正提高了整个团队的故事质量。

重点回顾

教练推动讲故事

广泛地讲故事源于一种教练文化，这种文化必须以领导者为榜样，在同伴之间进行实践，并成为团队的日常流程之一。

一切都取决于对故事叙述框架的共同理解。

1

教练流程

管理者须通过直接做教练来推动和加强教练文化，并鼓励他们的团队分享和质疑彼此的故事。教练应该是故事发展过程中的常规部分。

2

给管理者建议

管理者可以通过 5 种方式立即支持讲故事：帮助建立明确的目标受众，指出多样化的讲故事机会，鼓励同伴间教练，设定明确（和高）的标准，引入正式的讲故事培训。管理者应该将精彩的故事讲述与职业发展联系起来。

3

给同伴的建议

同伴教练要求人们在安全的环境中提问。他们应该互相帮助，并确保严格遵守故事框架——包括4个路标™、流畅和醒目的标题，以帮助构建清晰简洁的故事。

来自作者的话

本书的结尾，是讲故事之旅的开始，这将有助于推动你的想法，以及你的事业向前发展。从本书中你能获得什么：

- 你有了一个简单的、可重复的、故事驱动的框架，以及一些强大的工具，如醒目的标题和基本的视觉化技术，来组织和优化你的想法。

- 你知道如何调整你的叙述来适应不断变化的场景，如时间缩短、受众有不同的需求，或者必须根据虚拟环境调整你的故事。

- 你有一条清晰的职业发展之路，因为你现在知道如何轻松而持续地将讲故事的结构应用到你的日常沟通中。你可以更好地控制决策者如何听取你的想法，越来越多的结果将由你来设计。

本书不仅是你如何构建商业故事的基本指南，也将是你参考的几十个真实商业场景资源，视觉演示、电子邮件、一页纸等都展示了故事框架的作用。

> 这是一个有理论基础又有实践基础的框架，你可以每天使用。

我们知道，你的想法在有噪声、阻力和自负的情况下没被听到的风险有多高。

二十多年来，我们教会了成千上万的有才华、聪明的人讲故事。

如果你因在"之前"的例子中发现了你在上次演讲或发电子邮件时的问题而感到羞愧，那完全不需要，因为这不是你一个人的问题。

在我们的研讨会上，我们看到故事修改前后大家的反应（通常是情绪化的）。来自世界一流的《财富》500强公司的团队一遍又一遍地告诉我们："我确实犯了你指出的每个错误。""我不知道该笑还是该哭。""没有人告诉过我其他的方法。"

我们明白了，每个人都需要快速行动和表现。因此，我们中的许多人只是默认使用一些我们手头的东西，"快速修复"内容。我们使用旧的PPT、从同事那里借的图表，或者从营销团队那里复制一些漂亮的东西。最后，我们以一种混乱的叙事方式结束，我们称之为科学怪人™——PPT上塞满了要点、无法阅读的数据，以及各种消息。受众不知道我们想让他们知道什么和做什么，没有明确的行动号召。谈话戛然而止。出现科学怪人™意味着会导致无法估量的机会损失。

别再当科学怪人™

然而，尽管科学怪人™、电子邮件和提案纷至沓来，充斥着令人困惑的信息，但公司很少有解决这个问题的更好教学方法。这就是我们为什么为产品经理（或销售人员或数据工程师）写本书，就是为了不再有混乱的信息、没有更多的救火数据、不再错过任何机会。

我们向你提出的挑战是：使用本书中讲故事框架，带着意图、专注和策略来处理你所有的商业沟通。"锻炼"它，就像你的其他锻炼一样,你会成为一个更好、更强的故事讲述者。很快,你就会发现每天都有机会将你的想法构建成故事。

没人告诉过你另一条路吗?你现在看到了。你每天的商业故事之旅现在就开始了。

珍妮·库尔诺夫

李·拉扎鲁斯

反侵权盗版声明

  电子工业出版社依法对本作品享有专有出版权。任何未经权利人书面许可，复制、销售或通过信息网络传播本作品的行为；歪曲、篡改、剽窃本作品的行为，均违反《中华人民共和国著作权法》，其行为人应承担相应的民事责任和行政责任，构成犯罪的，将被依法追究刑事责任。

  为了维护市场秩序，保护权利人的合法权益，我社将依法查处和打击侵权盗版的单位和个人。欢迎社会各界人士积极举报侵权盗版行为，本社将奖励举报有功人员，并保证举报人的信息不被泄露。

举报电话：（010）88254396；（010）88258888

传　　真：（010）88254397

E-mail：　dbqq@phei.com.cn

通信地址：北京市万寿路 173 信箱
　　　　　电子工业出版社总编办公室

邮　　编：100036